优雅女人的职场礼仪书

田欣雅 ◎ 著

江西人民出版社
Jiangxi People's Publishing House
全 国 百 佳 出 版 社

图书在版编目（CIP）数据

优雅女人的职场礼仪书/田欣雅著. -- 南昌：江
西人民出版社，2017.7

ISBN 978-7-210-09334-3

Ⅰ.①优… Ⅱ.①田… Ⅲ.①女性－心理交往－礼仪

Ⅳ.①C912.1

中国版本图书馆CIP数据核字（2017）第073080号

优雅女人的职场礼仪书

田欣雅／著

责任编辑／冯雪松

出版发行／江西人民出版社

印刷／保定市西城胶印有限公司

版次／2017年7月第1版

2017年7月第1次印刷

880毫米×1280毫米　1/32　7印张

字数／120千字

ISBN 978-7-210-09334-3

定价／26.80元

赣版权登字-01-2017-300

如有质量问题，请寄回印厂调换。联系电话：010-64926437

田欣雅

女性类网络畅销热文《职业形象让你多收入14%》《教你读懂职场礼仪》《服务礼仪就是酒店的核心竞争力》原创作者，欣雅美学教育体系创始人，"美在中国"论坛发起人。

曾任宝洁公司媒介部专员，巴黎欧莱雅人力资源部经理。现任联合国贸易网络北京中心、搜狐网、中国银行、希尔顿酒店管理集团、中国联通、西门子家电职场礼仪培训顾问及形象指导。

近八年职场礼仪规范相关工作经验，从事过众多大型公司的礼仪培训咨询课程，并多年从事礼仪规范形象指导、教学研发，积累了丰富实战经验。致力于提高企业员工礼仪规范意识和提升企业形象。田老师的课程具有实践性强，深入浅出的特点，受到学员的高度认可。

社会职务

国际注册礼仪培训师（IPA）

国际注册培训师（AACTP）

国家高级礼仪讲师

国际注册高级形象设计师（ICSID）

国际注册高级礼仪培训师（CISET）

国家注册服装造型师

中国形象设计师协会形象礼仪培训讲师

外交部特邀对外汉语及礼仪高级培训师

时代光华特聘酒店礼仪培训师

搜狐商学院时尚礼仪培训顾问

清华大学职业经理人中心特聘礼仪讲师

中恒国际管理咨询机构企业文化管理高级咨询顾问

万达艾美酒店集团等知名酒店特聘礼仪培训师

第54届国际小姐中国大赛形象礼仪顾问

与举重冠军张国政合影

与体操冠军邹凯合影

与女排队员曾春蕾合影

与游泳冠军高敏合影

前言
Preface

以下失礼行为，你有过吗？

上门拜访的时候，正巧碰到客户在吃饭，应邀入席吧，自己又吃过了，或者说，同这位客户还没有熟悉到随便进餐的程度。这时的你，会尴尬得不知是进还是退，是站还是坐。

你刚同一位同事寒暄一番后，说不到某一地方去，后来想着想着还得去，恰巧在那地方又碰到那位同事，这时你不知如何向同事打招呼。

有时你在客户办公室聊天，讲得正有兴致时，突然有陌生人来访，想走吧，话又没讲完，不走吧，又不能当着陌生人的面继续讲，这时，你会很不自然。

有件事瞒着客户，实际上对方已了解情况，这时候你若向对方继续编造谎话，一旦被对方戳穿，你会感到尴尬无比。

讲话时无意刺到别人的忌讳。

你明明做了某事，说了某话，别人事后又知道，当他问你时，你又不能明说，你会感到非常尴尬。

尴尬的事是常有的，每个人都会遇到。要想避免诸如此类的尴尬情境发生，就需要懂得一些职场礼仪，用礼仪这个手段来化解尴尬。

例如，碰到客户正在吃饭，你可以先发制人，"对不起，我来得不是时候。"看主人怎样回答，你再随机应变。

说不到某地方，结果又去了，恰恰碰到刚道别的人，这时的你，不妨主动开口，三言两句讲明缘由。

你与客户讲话，又有陌生人来访，如果话正投机，不妨对陌生人直言："对不起，我讲两句话马上就走，前客让后客。"相信这时的陌生人会避开，让你把话讲完。

你瞒着对方的事，一旦被对方戳穿，就不能继续遮遮掩掩，要如实说明为什么隐瞒，把原因讲明，尴尬也就不存在了。

碰到别人的忌讳，可直接道歉，也可以改天讲清楚。

你明明做了某事，说了某话，别人又知道，你又不能解释，你就适当讲讲难言之隐。

礼仪是人际交往的"润滑剂"。作为社会人，我们每天都少不了与人打交道，假如你不能很好地与人相处，就会在职场上寸步难行，一事无成。俗话说："礼多人不怪"。人在职场，贵在有礼。加强礼仪修养，处处注重礼仪，能使你在职场交往中左右逢源，无往不利；使你在尊敬他人的同时也赢得他人对你的尊敬，从而使人际关系更趋融洽，生存环境更为宽松。

另外，一个具有良好礼仪修养的人，在交际活动中遇到各种情况和困难时，都能始终保持沉着稳定的心理状态，根据所掌握的信息，迅速采取最合理的行为方式，化险为夷，争取主动。相反，一些缺乏良好礼仪修养的人，在参加重大交际活动前，常会出现惊慌恐惧，心神不定，坐卧不安的状况，有的在交际活动开始后，甚至会出现心跳加快，四肢颤抖，说话声调不正常的现象。所以，学习礼仪，不仅能满足你立足职场的需要，而且还可以培养你适应社会生活的能力，提高你的心理承受力。

正是因为礼仪在职场交往中具有不可忽视的作用，有时甚至能决定事情的最终结果，所以，聪明女人不能轻视礼仪，都应学习礼仪、讲究礼仪，成为一个"礼"行天下的优雅女人。

目录
Contents

第四章　谈吐大方，会说话的女人最优雅

第五章　举止恰到好处，商务洽谈更顺利

第九章　同事来往，失"礼"就会无人理

第十章　小主，上司的赏识就是你的资本

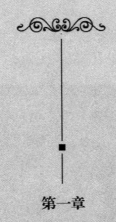

第一章

不懂职场礼仪，你就永远是菜鸟

　　礼仪是律己、敬人的一种行为规范，就是以最恰当的方式来表达对他人的尊重。礼仪的"礼"即尊重，它要求我们在人际交往中既要尊重自己，也要尊重别人。古人讲"礼仪者敬人也"，就是待人接物的基本要求。

礼仪是女人成功的通行证

无论是银幕上还是在真实的生活中，让人着迷的往往不是漂亮的女人，而是那些举止优雅、懂礼仪有教养的女人。懂礼仪的女人才会具有高贵的气质，温柔典雅的女人才能散发迷人妩媚的气息，彬彬有礼的女人能使自身的美焕发出一种特殊的力量。

羽西是一个时代感极强、极富代表性的魅力女人，接受过正规的东西方文化教育和熏陶，可以说是女性礼仪魅力的一面镜子。她强调一个女人的魅力重要的是学会遵守礼仪的原则和规范。

讲究礼仪的女人都会显示出与众不同的风采，会得到他人的尊重。即使你的外貌不是最吸引人的，而你的绰约的风姿、时尚的发型、得体的服饰、优雅的举止、不俗的言谈也会让人着迷。

在社会交往中，相信每个女人都想获得优雅的美誉。优雅体现在礼仪中，就是自内而外的流露，是不经意间的举手投足，是恰到好处的尊重与自信，唯有得体的礼仪才会让你散发出优雅的气质。仪容端正、谈吐文雅、举止大方、彬彬有礼，成为生活中最具魅力的女人，才最容易获得成功。

礼，是指由一定的道德观念和风俗习惯形成的礼节及表示尊敬的态度或动作；仪，是指人的外表、动作及按程序进行的礼节。简言之，"礼"，即礼貌、礼节；"仪"，即仪表、仪态、仪式。遵行礼仪就必须在思想上对交往的对方有尊敬之意，有乐贤之荣；谈吐举止懂得礼仪规矩；外表上注重仪容、仪态、风度和服饰；在一些正式的场合，还须遵循一定的典礼程序等。

女人讲究礼仪，就会在众人面前树立良好的个人形象；身为职场的女白领讲究礼仪，就会为自己的组织树立良好的形象，赢得公众的赞誉。现代市场竞争除了产品竞争外，更体现在形象竞争上。一个具有良好信誉和形象的公司或企业，更容易获得社会各方的信任和支持，可在激烈的市场竞争中处于不败之地。所以，职场丽人时刻注重礼仪，既是个人和组织良好素质的体现，也是树立和巩固良好形象的需要。

良好的礼仪可以更好地向对方展示自己的长处和优势，它往往决定了机会是否降临。比如，在公司，你的服饰适当与否可能会影响到你的晋升和与同事的关系；带客户出去吃饭时你的举止得体与否也许就决定了交易的成功与否；又或者，在办公室不雅的言行或许就使你失去了一次参加老板家庭宴请的机会……礼仪是一种信息，能够表达出尊敬、友善、真诚的感情。

恰当得体的礼仪可以获得对方的好感、信任，是一个女人思想水平、文化修养、交际能力的外在表现。

俗话说"礼多人不怪"。为人处世、说话办事多掌握些社交与礼仪知识，做个懂礼、知礼、行礼的优雅女人，不仅会赢得别人的尊敬和赞赏，也会令更多的人亲近你。

举止优雅，卓尔不凡

在交际中女士要表现得举止优雅得体，要表现出女性的温柔、娴静、典雅之美，动作要轻柔自如，经常面带微笑，使人感到亲切友善。在社交场合，女士举止应自然大方，不要扭怩作态，不要轻佻，更不可挤眉弄眼，过分地装出一副笑脸，给人的感觉就如同献媚。在青年男女聚会场合，女子之间切忌交头接耳窃窃私语，以及发出一些使人莫名其妙的笑声。

举止行为体现女人的修养，一个优雅的女人应做到行为文明、举止得当。交谈和出席任何场合都要符合一定的标准，注意细节，才能给别人留下好的印象。

2008年，西班牙新一任内阁宣誓就职。17位内阁大臣中有9位是女性，超过了半数，成为名副其实的"粉红内阁"。其中最引人注目的莫过于即将成为母亲的国防大臣卡梅·查孔。她是西班牙有史以来的首位女国防大臣。宣誓当天，她挺着7个月大的肚子出现在阅兵仪式上，迅即成为世界焦点。在雄风林立的士兵面前，这位准母亲让我们看到了政坛的粉红魅力。在庄严肃穆的阅兵仪式上，这位新任女国防大臣卡梅·查孔顶着隆起的肚子，发表了简短讲话，并带领大家高呼："西班牙万岁！国王万岁！"这无疑成为阅兵仪式上最靓丽的风景线。然而此举也为她带来各种各样的争议：究竟这位孕妇是否能胜任如此重要的国防工作？甚至她的产假也成为被议论的焦点。然而卡梅·查孔似乎没有被这些非议所困扰，不久后便带着产科医生、麻醉师与儿科医生一同前往阿富汗和黎巴嫩慰问当地的西班牙士兵，再次向世人昭示了自己的政治魄力。

女人的优雅举止具体体现在如下几方面：

1.轻轻点头，表示问候

这是一种最常见的礼貌举止，经常用于与熟人打招呼。用点头来打招呼时，应用眼看着对方，面部略带微笑，等对方有表示时再转向别处。点头打招呼也可以在较大的迎送场合使用，当迎送者较多或距离较远时可以用点头表示敬意，也可以点头和握手配合使用。

2.起立、鼓掌和拥抱，表示欢迎和欢送

起立致意是一种在较正式场合使用的礼仪，常用于集会时对报告人到场或重要来宾莅临时致敬。鼓掌是在社交场合表达赞许或向别人祝贺等感情的礼貌举止。鼓掌的方式有许多种。举臂过顶时，表示强烈的欢迎；面带微笑轻轻地拍启手掌，表示自己对别人祝贺的心意。拥抱是传达亲密感情的礼貌举止。在国外，特别是欧美国家应用广泛。

3.利用手势语传情达意

手能够更好更准确地表达内心思想和情感，比如在激励团队或与他人交流时，加入手势强化表达就是最直接和强有力的。

常见的姿势是交叉着十指举在面前，面带微笑地看着对方。也有的交叉着十指平放在桌面上，这种动作常见于发言人。出现这个动作时，表明发言正处于心平气和、娓娓叙谈的阶段。

双手叉在腰间，这是一种表示抗议、进攻的常见举动，以及含有挑战、奋勇向前的意思。

有人喜欢把两手指尖合起来，形成一种"尖塔"的手势。这是一种有信心的动作，但有时也表现出一种装模作样、自大或骄傲的心态。专家研究发现，自信程度愈高的人，尖塔姿势的位置也愈高。

手势上扬代表着赞同、满意或鼓舞、号召的意思，有时候也用来打招呼。是一种能显示出个人特点、很受人欢迎的手势，可以塑造出一种豪放、大度、有号召力的语言能力。

4.坚决避免不礼貌的举止，让优雅形象不打折

女人抖动腿脚在社交场合是一种很不文明的举止，是缺乏自信心的下意识举动。在交谈中下意识地挠头摸脑，既不卫生，又显示出你的拘束与怯场，会造成他人对你的轻视，认为你社交经验少。揉鼻挖耳不但容易给人带来感官上的反感，而且还会让人感到你很傲慢、不懂礼貌。

在与人交往时，除了需要避免不文明举止外，与人交谈时还应该注意交谈时双方的距离。距离过近或过远都会有失礼貌。距离过远，会使对方误认为不愿与之接近，有拒人千里之外的感觉；距离过近，稍有不慎就会把唾沫溅到别人脸上，或者口中或身上的异味被别人闻到，令人生厌。如果对方是异性，保持不当的距离，还会使之戒备或者被误会。

那么，与人交谈时到底保持怎样的距离才算合适呢？这主要根据具体情况而定，一般礼貌距离是0～45厘米为亲密距离，45～120厘米为熟人距离，120～300厘米为社交距离；360～800厘米为公众距离。

礼仪帮你赢得好人缘、好人脉

良好的礼仪有助于促进人们的社会交往，改善人们的人际关系，能够帮你赢得好人缘。

古人认为："世事洞明皆学问，人情练达即文章。"这句话，讲的其实就是交际的重要性。一个人只要同其他人打交道，就不能不讲礼仪。运用礼仪，除了可以使个人在交际活动中充满自信，胸有成竹，处变不惊之外，还能够帮助人们规范彼此的交际活动，更好地向交往对象表达自己的尊重、敬佩、友好与善意，增进大家彼此之间的了解与信任。假如人皆如此，长此以往，必将促进社会交往的进一步发展，帮助人们更好地取得交际成功，进而造就和谐、完美的人际关系。

某位营销员在一次会议上作自我介绍："有只小猪在跳迪斯科，现在你们知道我的名字了吧？"台下响起一片回应："猪——会——摇！"她微笑着点头说："大家倒过来念呀。"众人恍然大悟，倒过来便是她的名字："姚慧珠"。如此精彩的自我介绍，要让人记不住你的名字都难。

有个干部与一位多年不见的战友见面了，一时竟想不起他的姓名。分手时，这个干部主动拿出纸来把自己的名字、电话、通信地址写下来，然后把笔交给他，说："来，让我们相互留下自己的名片，今后多多联系。"对方也记下了他的名字、住址、电话。

当然，赢得好人缘并不只是靠记住别人的名字来实现的，但记住别人的名字却是一个不可小看的交际礼仪。像上面的那位营销员的精彩自我介绍，相信大家一定对她的印象记忆深刻，同时也会认为她是一个很有亲和力的人。

人缘要在勤沟通、多联系的基础上建立起来，所以主动联系也是一个必备的交往礼仪。你善于联系朋友，朋友自然也勤于和你联系；反之，你半个月甚至一年都不和朋友们打招呼，那么肯定在对方的心里被"蒸发"掉了。

人际交往的礼仪原则之一是，你怎样对待别人，别人就怎样对待你。你感觉别人对你是陌生的，那么在别人眼中你也是陌生人；如果你把陌生人当做朋友来对待，陌生人也会把你当做自己的朋友。

主动是结交陌生人的最基本的礼仪。主动问候、主动搭话、主动沟通、主动帮忙，这些都有利于拉近你与对方的关系和距离，尽管你们之前素未谋面。

其实，每个人都有交往的愿望和需要。你主动向对方敞开心扉，同样能够换得对方的理解和接受。当然，初次相识，要遵守必要的礼仪细节。比如不可冒昧地询问交往不深的人的信息，不要过多地干涉他人的活动和私事，等等。与陌生人沟通，消除对方的警惕心理是有必要的，这就需要你用友好、热情的态度去接纳对方，或者在对方需要的情况下满足其心理需求，如帮个小忙、举手之劳等，都能赢得对方对你的好感，从而有利于彼此更深层的交往。

礼仪助你实现事业辉煌

礼仪是一笔巨大的财富，礼仪不仅是人际交往的润滑剂、说服他人打动人心的心理武器，更是事业的催化剂、成功的保证。

大家可能知道"张良因礼得兵书"的故事。

据《史记·留侯世家》记载：秦朝末年，张良在博浪沙谋杀秦始皇没有成功，便逃到下邳隐居。有一天，他在镇东石桥上遇到一位白发苍苍、胡须长长、手持拐杖、身穿褐色衣服的老人。老人的鞋子掉到了桥下，便叫张良去帮他捡起来。

张良觉得很惊讶，心想："您怎么能让我帮你捡鞋子？"张良又一想他年老体衰，而自己却年轻力壮，便到桥下帮老人捡回了鞋子。谁知这位老人不仅不道谢，反而大咧咧地伸出脚来说："替我把鞋穿上！"张良闻听此言心底更加不快："你这老者，我好心帮你把鞋捡回来了，你居然还得寸进尺，要让我帮你把鞋穿上，真是过分！"

张良又转念一想，反正他是老人，再说鞋子都捡起来了，干脆好人做到底。于是默不作声地替老人穿上了鞋。张良的恭敬从命，赢得了这位老人孺子可"教"的首肯。又经过几番考验，这位老人终于将自己用毕生心血注释而成的《太公兵法》送给张良。

张良得到这本奇书，日夜诵读研究，后来成为满腹韬略、智谋超群的汉代开国名臣。

这个故事说明了什么？张良为老人拾鞋、穿鞋，处处礼让，既表现出对老人的尊重，也表现了自身完善的品格。张良正是在不断礼让的过程中，磨砺了意志，增长了智慧，最终成为"运筹帷幄之中，决胜千里之外"的杰出的军事家、政治家。礼仪铸就了张良的成功，由此可见，礼仪对于一个人的事业发展有多么重要。

懂礼仪是成功的基本要素。礼仪是通向成功道路的通行证，这不是说有了礼仪就能成功，但在成功的路上，礼仪的确有着很关键的作用，特别是在求职应聘的时候，"头3分钟是关键"。因为招聘时面试方不可能给一个应聘者很多的时间，但头3分钟内你举手投足间表现的气质，待人接物的态度与方法却可以看出你是否是用人单位需要的人。所以，除了有比较扎实的专业基础与实践经验，还需要适当的礼仪来美化个人。

成功学大师戴尔·卡耐基说过："一个人的成功，只有15%是由于他的专业技能，而85%则主要靠人际关系和他做人处世的能力。"有一个哈佛大学设计的表格，它将人成功的要素分为三块：宏观管理能力、实际操作能力和处理人际关系的能力。从表格中可以看出，一个职业人需要具备上述三种能力，虽然地位不同、岗位不同，各种能力的构成不同，但是总的看来，处理人际关系的能力所占的比例相同。大概为：成功＝15%的知识技能＋85%的人际关系。这里所说的人际关系，并不是庸俗的拉关系，而是一个宽泛的概念，它指的是如何运用礼节、礼仪来建立、维护良好的人际关系与和谐的事业生活环境。

礼仪对于一个人的事业起着重要的作用，一个知书达理、善于运用礼仪的人和一个举止粗俗、不懂礼仪的人，其事业的境界会有天壤之别，前者在事业上会春风得意，心想事成；后者在事业上则会处处碰壁，陷入困境。

礼仪对于事业的作用，体现在管理、职场、推销、谈判、会议等各个工作领域和环节中。

例如，求职礼仪有助于你推销自我的形象、取得面试的成功。在求职中你的细微举止都会影响用人单位对你的评价。古人云"见微而知著"，礼仪能规范你的举止，防止因小节而误事。同时，借助礼仪可以推销自己的文化素质、体现自己的道德水准、反映自己的个性，以及顺利完成面试的全过程。礼仪能给人以美的享受，使用人单位愿意与你交谈，有兴趣和耐心进一步了解你，甚至当发现你与其他应聘者相比有欠缺的地方时，也能给予理解、关怀和鼓励，从而使你的求职事半功倍，脱颖而出。

又如，工作场所遵循服装礼仪对于维护你的形象、有效开展工作极为重要。在工作服装的穿着方面有一个容易被忽视的细节：常有餐厅工作人员，甚至是厨师穿着工作服进出公共厕所。这样不仅不符合食品卫生规范，还会令顾客对餐厅的印象大打折扣，从而造成餐厅形象不佳，影响餐厅的生意。还有夏天的时候，许多职业女性不够注重自己的身份，穿起颇为性感的服饰，这样你的智慧和才能便会被埋没，甚至还会被看成轻浮，影响你的职业前程。

礼仪是个人外在形象与内在素质的集中体现。对于个人来说，讲究和运用礼仪既尊重别人同时也是尊重自己的体现，在个人事业发展中起着决定性作用。它提升人的涵养，增进了解沟通，细微之处显真情，对内可融洽关系，对外可树立形象，营造和谐的工作和生活环境。因此，懂得礼仪，运用礼仪，使你的事业更加顺利，使你的人生更为成功！

遵从礼仪原则，做个有"礼"人

礼仪名目众多，细则纷繁，讲究商务礼仪尤其还应掌握必要的世界各国的礼仪习俗。那么如何才能有效掌握呢？在从事各种商业活动、具体遵行商务礼仪时，应遵循以下基本原则，其中包括言行文雅，态度恭敬，尊重他人，平等待人，表里一致。

遵从礼仪的5项原则如下所述。

1."尊敬"原则

有人曾把商务礼仪的基本原则概括为"充分地考虑别人的兴趣和感情"。尊敬是礼仪的情感基础。在我们的社会中，人与人是平等的，尊重长辈，关心客户，这不但不是自我卑下的行为，反而是一种至高无上的礼仪，说明一个人具有良好的个人素质。"敬人者人恒敬之，爱人者人恒爱之"，"人敬我一尺，我敬人一丈"。"礼"的良性循环就是借助这样的机制而得以生生不已。当然，礼待他人也是一种自重，不应以伪善取悦于人，更不可以富贵骄人。尊敬人还要做到入乡随俗，尊重他人的喜好与禁忌。总之，对人尊敬和友善，这是处理人际关系的一项重要原则。

2."真诚"原则

商务人员的礼仪主要是为了树立良好的个人和组织形象，因此礼仪对于商务活动的目的来说，不仅仅在于其形式和手段上的意义。同时商务活动并非从事短期行为，而是越来越注重其长远效益，只有恪守真诚原则，着眼于将来，通过长期潜移默化的影响，才能获得最终的利益。也就是说，商务人员要爱惜其形象与声誉，应不仅仅追求礼仪外在形式的完美，更应将其视为情感的真诚流露与表现。

3."谦和"原则

"谦"就是谦虚，"和"就是和善、随和。谦和既是一种美德，更是社交成功的重要条件。《荀子·劝学》中曾说道："礼恭而后可与言道之方，辞顺而后可与言道之理，色从而后可与言道之致。"即是说只有举止、言谈、态度都是谦恭有礼时，才能从别人那里得到教诲。

谦和，在社交场上表现为平易近人、热情大方、善于与人相处、乐于听取他人的意见，显示出虚怀若谷的胸襟，因而对周围的人具有很强的吸引力，有着较强的调整人际关系的能力。

当然，我们此处强调的谦和并不是指过分的谦虚、无原则的妥协和退让，更不是妄自菲薄。应当认识到过分的谦虚其实是社交的障碍，尤其是在和西方人的商务交往中，不自信的表现会让对方怀疑你的能力。

4. "宽容" 原则

宽即宽待，容即相容。宽容，就是心胸坦荡、豁达大度，能设身处地地为他人着想，谅解他人的过失，不计较个人得失，有很强的容纳意识和自控能力。中国传统文化历来重视并提倡宽容的道德原则，并把宽以待人视为一种为人处世的基本美德。从事商务活动，也要求宽以待人，在人际纷争问题上保持豁达大度的品格或态度。在商务活动中，出于各自的立场和利益，难免出现冲突和误解。遵循宽容原则，凡事想开一点，眼光看远一点，善解人意、体谅别人，才能正确对待和处理好各种关系与纷争，争取到更长远的利益。

5. "适度" 原则

人际交往中要注意各种不同情况下的社交距离，也就是要善于把握住沟通时的感情尺度。古话说："君子之交淡如水，小人之交甘如醴。"在人际交往中，沟通和理解是建立良好人际关系的重要条件，但如果不善于把握沟通时的感情尺度，即人际交往缺乏适度的距离，结果会适得其反。例如在一般交往中，既要彬彬有礼，又不能低三下四；既要热情大方，又不能轻浮谄谀。所谓适度，就是要注意感情适度、谈吐适度、举止适度。只有这样才能真正赢得对方的尊重，达到沟通的目的。

总之，掌握并遵行礼仪原则，做待人诚恳、彬彬有礼之人，在人际交往和商务活动中，就会受到别人的尊敬。

职业礼仪是职业之路的黄金护照

职场上每一个人都要树立自己的职业形象，良好的职业形象不仅作为企业的门面，而且能够提升个人品牌价值，提高自己的职业自信心。个人形象指的主要是容貌、魅力、风度、气质、化妆、服饰等直观的包括天生的外表感觉的东西，这是一种值得开发、利用的资源。现在几乎所有国际大机构都非常重视公司员工的形象塑造，力图把形象这属于静态的因素变成一种动态的竞争力去超越对手，使其成为公司征战市场的有力武器。

一个人的职业形象包括内在的和外在的两种主要因素。而每一个职场人都需要树立塑造并维护自我职业形象的意识。了解并掌握一定的职业礼仪，有助于完善和维护职场人的职业形象。一些日常的职业礼仪，对完善、维护自身职业形象都会有所帮助，职业形象的更高境界让你前程无忧。

1.上班族的多彩时装秀

在办公室工作，服饰要与之协调，以体现权威、声望和精明强干为宜。男士最适宜穿黑、灰、蓝三色的西服套装领带。女士则最好穿西装套裙、连衣裙或长裙。男士注意不要穿印花或大方格的衬衫；女士则不宜把露、透、短的衣服穿到办公室里去，否则使内衣若隐若现很不雅观。

热爱流行的时装是很正常的现象，但也不能盲目地追求时髦。例如有个女孩在一家公司担任秘书，穿的衣服样式十分古怪，在指甲上同时涂了几种鲜艳的指甲油，当她打字或与人交谈时，都给人一种厌恶感。一个成功的职业人士对于流行的选择必须有正确的判断力，同时要切记：在办公室里，主要表现工作能力而非赶时髦的能力。

夏天的时候，女性一定要注重自己的身份，不能因为天气太热，而穿起颇为性感的服装出现在办公室。再热的天气，也应注意自己仪表的整洁、大方。

太过正式的服装往往给人以死板严肃的感觉，很容易让别人对你有误解，产生不良印象。除非是有严格着装标准的特殊行业，或有统一服装的公司，在没有严格规定的公司里，办公室内的着装可以适当地活泼一些，以展现不同的个性风采。在服装市场上有许多可爱俏丽的款式，但一定要有所选择。不要穿太显幼稚的衣服，尽量突出端庄、秀丽的一面。穿着上给人的感觉或者优雅大气，或者精明强悍，或者小巧灵秀，或者体态匀称，都是适合职场的。在办公室里工作不能穿背心、短裤、拖鞋，也不适合赤脚穿鞋。戴的首饰也不宜过多，走起路来摇来摇去的耳环会分散他人注意力，叮当作响的手镯也不宜戴。

2.礼貌是职场礼仪第一课

新人刚进职场，礼貌很关键，人际关系一定要妥善处理，不能以貌取人或者想当然。要记得地位低下的员工同样也是前辈或者长辈，哪怕是打扫卫生的阿姨，如果正好清理到自己的纸篓什么的，不忘记说一声"谢谢"。

在办公室里对上司和同事们都要讲究礼貌，不能由于大家天天见面就将问候省略掉了。"您好""早上好""再会"之类的问候语要经常使用。

另外，同事之间不能称兄道弟或乱叫外号，而应以姓名相称。对上司和前辈要用职务来称呼，也可以用"先生""老师"称呼。

不能在大庭广众之下与领导和前辈开称呼上的玩笑。

3.商务饭局的吃相问题不能忽视

职场新人应明白的一个礼仪问题是，公务的一些饭局应酬是为了联络客户事宜、加强与客户的感情沟通，并非仅仅是满足大饱口福的目的。如果在双方一边就餐的同时一边谈论公事，你不顾旁人埋头大吃特吃，势必给客户方造成不好的印象，当然也损害了公司的形象。所以，职场新人在陪同客户吃饭时，一定要注意吃相。

4.递名片

递送名片时，应用双手拇指和食指执名片两角，让文字正面朝向对方。接名片时要用双手，并认真看一遍上面的内容。如果接下来与对方谈话，不要将名片收起来，应该放在桌子上，并保证不被其他东西压起来。参加会议时，应该在会前或会后交换名片，不要在会中擅自与别人交换名片。

5.介绍

介绍的原则是将级别低的介绍给级别高的；将年轻的介绍给年长的，将未婚的介绍给已婚的，将男性介绍给女性，将本国人介绍给外国人。

客人来访时，应主动从座位上站起来，引领客人进入会客厅或者公共接待区，并为其送上饮料。如果是在自己的座位上交谈，注意声音不要过大，以免影响周围同事。

6.损害你职场形象的5杀手

工作中看起来无关紧要的疏忽，有可能会大大损害你的职业形象。

杀手1：脸红。虽然脸红让你看起来甜美、可爱，但它也传达了你不成熟和不坚定的心态。

杀手2：哭泣。在工作时哭泣不但使你显得脆弱、缺乏自制力，而且让人怀疑你会破坏公司形象，你应该学会控制情绪。

杀手3：不确定的"嗯""呵"等语气词只能说明你犹豫不决、紧张而缺乏智慧。

杀手4：着装不成功。不成功的着装所传达给老板的唯一信息是：重要的任务不能放心交给你去做。你应该为你希望做的工作选择着装，而不是为你已有的工作着装。当然，衣服还远远不够——不合适的发型和化妆照样会损害你的职业形象。

杀手5：怯场。当你表现出怯场，就是在告诉老板，你缺乏最基本的职业技巧。记住，事前充分的准备是降低紧张情绪的有效措施，在正式发言前做彩排是必要的。

面试时莫因礼仪与机会失之交臂

有很多应聘的人会认为，个人能力不足和缺乏工作经验等是造成面试失败的原因，却不知道一个人的文明修养和礼仪同样是面试不可轻视的重要环节。如今不少招聘单位都将礼仪作为面试题目来考察应聘者，如果你在这方面粗心大意，很可能会与成功的机会失之交臂。

应聘者在面试时应注意哪些方面呢？以下建议可为你提供参考：

1.等候阶段

在开始面试之前肯定有一段等候的时间，在等待面试时不要到处走动，更不能擅自到考场外面向里观望，应试者之间的交谈也应尽可能地降低音量，避免影响他人应试或思考。

2.面试阶段

应试者要先轻轻敲门，得到主考官的许可后方可入室。入室时不要先把头探进去张望，而应整个身体一同进去；走进室内之后，背对考官，将房门轻轻关上，然后缓慢转身面对主考官，向主考人员微笑致意，并说"你们好"之类的招呼语，在主考人员和你之间创造和谐的气氛。在未经许可的情况下，不要贸然闯入面试房间。

若非主考人员先伸手，你切勿伸手向前欲和对方握手；如果主考人员主动伸出手来，就报以坚定而温和的握手。在主考人员没有请你坐下时切勿急着坐下。请你坐下时，应大方落座，并说声"谢谢"。

在面谈没开始前，不要窥视主考人员的桌子、稿纸和笔记，也不要局促不安，过于紧张。

面谈时，要真诚地注视对方，表示对他的话感兴趣，绝不可东张西望，心不在焉，不要不停地看手表。要注意和考官的目光接触，但不要直盯着对方，也不要斜眼瞟视旁人。若主考人员有几位，要看首席或中间的那一位，同时也要兼顾其他主考人员。

作为应试者，不仅要时时注意主考人员在说什么，而且也要注意主考人员的表情有哪些变化，以便能准确地把握住说话者的思想感情；为了吸引听者的注意力，使言谈显得有声有色和增强感染力，在说话中可以适当加进一些手势，但动作不要过大，更不要手舞足蹈和用手指着人。在说话时切不可面露谄媚、低声下气的表情，企图以鄙薄自己来取悦于对方。只有抱不卑不亢的态度才能获得对方的信任。回答问题时，要口齿清晰，声音大小适度，不能沉默过久也不要突然讲话。注意用敬语，如"您""请"等，常用的俗语要尽量避免，以免被认为油腔滑调。不要随便打断主考人员说话，或就某一个问题与主考人员争辩。

应试者在面试过程中，应轻松自然、镇定自若，给人以自信、成熟的感觉。始终面带笑容，谦恭和气。表现出热情、开朗、大方、乐观的精神状态，不要皱眉头或毫无表情。

3.面试结束后

应试者在结束面试前，不要表现出浮躁不安、急欲离去或另赴约会的样子。主考人员示意面试结束时，应微笑起立、道谢。出去推门或拉门时，要转身正面面对主考人员，再说声"谢谢，再见"，然后轻轻离开。

如果在你进入面试房间之前，有其他工作人员接待你，在离去时也一并向他或她致谢。

面试顺利时，不要喜出望外，拍手叫好；如果自我感觉不佳，也不要垂头丧气。

在面试结束后，等待是否被录用的通知这段时间内，应耐心等待对方的答复，不要连续地打电话催问。如果对方是电子信箱回复，则应及时查看，并做出回复。在得到对方的录用通知后，应在要求的时间内做好入职准备，并准时就职。

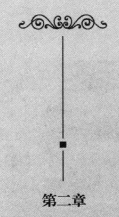

第二章

"以貌取人"时代，1 秒钟让你脱颖而出

　　商务人士都希望以强大气场取胜，但他们往往会忽略留给他人的第一印象，以至于后来要花费很大力气去改变那些负面形象。世上从来就不存在"第二印象"这种说法，精心打磨你的外表，让你招牌式的微笑和丰富的肢体语言，为你紧紧抓住赢得他人好感的黄金第一秒。这是练就职场女王的第一步！

好面貌是头等大事

很多人都认为"以貌取人"的观念是错误的，但事实上，在一家银行的职场专业度调查里，出现了一组有趣的数据：一般人评价一个人的可靠性有高达55%的比重取决于视觉，也就是外表；有38%取决于声音，辅助表达这些话的方法，也就是口气、手势等；只有7%取决于语言，也就是谈话的内容。

外貌魅力会引发明显的晕轮效应，使人们在心理上对美貌的人在其他方面的能力，也倾向于做出更为积极的评价。如此看来，并非有内容就能被视为是有能力的专业人士。这也是为什么销售人员会比一般职员更讲究着装的原因。否则，即便你再有上进心，再有才华，但缺乏美感与品位，也会成为你在职场或是某些重要场合上的阻碍。

女人应该力求使自己的面貌给人的感觉好一点，也就是美一点。面貌不仅仅是面部表情，心灵、内涵、才智、情感、情绪和个性等因素同样会凝结在脸上。因此，女人应该高度重视面貌对他人的视觉影响。人与人交往时，最初的印象非常重要，心理学上称为"首因效应"，这是说人与人第一次见面时形成的第一印象对他们日后的交往起着至关重要的作用，这种"首因效应"在整个交往中的作用力达75%以上。

女人初次交往给人的视觉印象美不美，直接影响到人们日后对她的评价。这是因为在潜意识中，人们通常受到自少儿时期就逐渐形成的观念的影响。那些童话故事中的天使和美女都是美好和善良的化身，巫婆和丑女都是丑恶和邪恶的化身。这些观念在社会生活中常常影响着人们对女人好坏和善恶的评价，这就是原初的审美记忆产生的"触媒效应"。

增强面貌的美感，总体来说应注意两个方面的问题：首先是长期地坚持肌肤养护，让自己的面貌达到最好的生理状态；其次是即时地利用化妆、修饰等方法，让面貌得到最佳表现。具体一点说，作为女性，你要长期坚持诸如防晒、肌肤护养、运动、保健、营养等事项，让皮肤尽量多一点弹性和光泽，少一些皱纹、斑点，当出席你看重的场合时，再用一点高品质的粉底霜和适宜的口红，与同龄人在面貌方面的优势和风采就显示出来了。

不少女人平时不修饰面貌，甚至在重要场合也不修饰面貌，这其实是对面貌的重要性认识不足，否则，最低限度也会化一点口红、修一修眉毛等等，手法差一点不要紧，至少表明你是重视的。

女人的面貌是会变的，这倒不是常说的年老色衰的变化。排除时间因素，这种变化也会向好坏两个方面变化。某知名心理专家说过："女人的长相是会随岁月变化的，长得不好不要紧，有些人会逐渐变好；长得好的，有些人也会变丑。"一般来说，30岁是女人面貌的分界线，容貌是父母给的，无法选择改变的，多由遗传因素和客观环境决定；30岁以后的面貌，则是一个人教养、个性、阅历、人生观等方面的复合体。应该说30岁以后，女人的面貌是后天培养出来的，体现为外养和内养两个方面。外养是指化妆、护肤等一些外在的方式；内养是指学识、阅历、见识、品行、世界观等等，这些"养分"是源泉，透过一根根血脉，一条条经络浸润着你的面貌。

面貌的外养和内养需要很好地相互融合，相互协调。仅有外养的女人浅薄，缺少韵味；只有内养的女人生硬、呆板，只有将外养、内养结合起来的女人才会散发出迷人的风韵、风情和品位。

仪表整洁是最基本的礼貌

科学研究的结果表明，个人感受到的对方仪表的魅力同希望再次与之见面的相关系数远远高于个性、兴趣等同等的相关系数。在社会交往活动中，人的外表形象往往会起潜移默化的微妙作用。仪表美是心灵美的体现，仪表美是对生活的热爱，是对社会和他人的尊重。端庄、美好、整洁的仪表，能使对方产生好感，从而有益于商业活动的开展。因此注重仪表，塑造出自己最佳的形象是商务人员必须认真做到的。总的来说，塑造良好的个人形象应做到以下几方面。

要求仪表仪容干净、整洁，就是要做到并保持无异味、无异物，坚持不懈地做好仪容细节的修饰工作。

干净、整洁是个人礼仪的最基本要求。这里包括面容、头发、脖颈与耳朵、手、服饰等方面的整洁。面容看上去应当润泽光洁；耳朵、脖子应当干干净净。不要小看这一点，面部是一个人最突出的代表部分。面容是否洁净，皮肤是否保养得当，看上去是有生气、有光泽，还是灰暗、死气沉沉，都直接关系到他人对你的印象。一个有教养的人，绝不会是那种不修边幅、蓬头垢面的人。

头发常常没有像面容那样受人重视，但假如你希望改善自己的形象，就应把头发作为重要环节来考虑。关于发型风格及设计原则，此处就不谈了，这里只强调一点，即保持头发的干净整洁。头发松软亮泽，加上整齐的发型梳理，衬出光洁的面容，才能展现你良好的素养和气质。注意不要让你的上衣和肩背上落有头皮屑和掉落的头发，因为那样就会给人一种不整洁的感觉。

有了光洁的面容，整齐的头发，还要注意手的清洁。一个仪表风度不凡的人，绝不会长着又黑又长的指甲。女性如果留长指甲，一定要修剪整齐，并保持洁净。

口腔卫生也是个人仪表仪容整洁的重要内容之一，主要应注意口中有无异味即口臭。与人交谈时，如口中散发出难闻的气味，便会使对方很不愉快，自己也很难堪。通常情况下，口腔异味多为口腔疾病或不注意口腔卫生引起的，也可能是由身体内部疾病引起的，有时吃了葱、蒜、韭菜等食物，也会产生强烈异味。口臭会使一个人美好的印象大打折扣，这一点想必大家也有同样感受。因此，应查明原因及早治疗，同时，早晚刷牙，饭后漱口，多吃清淡食物，多喝水，也是很重要的。如果吃了味道强烈的食物，可在口内嚼一点茶叶、红枣或花生，以帮助清除异味，必要时可以用嚼口香糖的办法来减少口腔异味。但还要注意，正式交际场合中，在别人面前大嚼口香糖是不礼貌的行为。

身体异味是令人反感的。如果有狐臭的毛病，应及时治疗或使用药水。经常洗澡，勤换内衣，可以减小或防止身体异味。

服饰穿戴在任何情况下都应保持干净整齐。注意衣领袖口或其他地方有无污渍。服装应是平整无皱褶的，扣子齐全，不能有开线的地方。内衣外衣都应勤洗勤换，保持洁净状态。此外，对鞋袜要像对衣服一样重视，不能身上漂亮而鞋袜污脏。皮鞋应保持鞋面光亮。有人说，"三分衣服七分鞋"，可见鞋整洁在仪表中的重要性。

优雅的女人要有优美的姿态

优美的身姿是形体美的重要因素之一。女人必须保持一个正确而优美的身体姿态，配上得当的言行举止，才能显示出女性的优雅魅力。

古诗《陌上桑》里说："行者见罗敷，下担捋髭须。少年见罗敷，脱帽著帩头。耕者忘其犁，锄者忘其锄。"通过描绘旁观者看到罗敷后种种忘情的神态，惟妙惟肖地表现了这些人对她美丽姿容的倾慕心理。

姿态除了能反映心理，也能够体现身材美。一直以来，人们讲究站有站相，坐有坐相。即使在产后，孕妇也应该讲究姿态美。

1.女人的站姿：秀丽挺拔，端庄放松

健美的站姿会给人以挺拔笔直、舒展大方、精力充沛、积极向上的印象。

女人良好的站姿应该是身体重心放在两脚上，两脚并拢直立，腰背挺直，挺胸收腹。双目向前平视，嘴唇微闭，面带微笑，微收下颌。

在公共场合，不要无精打采、耸肩勾背、东倒西歪，不要倚靠在墙上或椅子上，不抖腿，不摇晃身体，不要挺肚子，以免形体不雅观。

站姿可以随着场合进行调整。同别人交谈时，如果空着手，可双手在体前交叉，右手放在左手上。若身上背着背包，可利用背包摆出优雅的站姿。

总之，站的姿势应该是自然、轻松、优美的，不论站立时摆何种姿势，只有脚的姿势及角度和手的位置在变，而身体一定要保持绝对的挺直。

2.女人的蹲姿：不可忽略的细节

女士下蹲不要翘臀，应上身直，略低头，双腿靠紧，曲膝下蹲，起身时应保持原样，特别穿短裙下蹲时更不要翘臀。

3.女人的坐姿：稳重端正，文雅自然

女人美好的坐相是端正稳重。端庄优美的坐姿，会给人以文雅稳重、自然大方的美感。

女人良好的坐姿应该是，入座时走到座位前，转身后把右脚向后撤半步，轻稳坐下，然后把右脚与左脚并齐，坐在椅上，上体自然挺直，头正，表情自然亲切，目光柔和平视，嘴微闭，两肩平正放松，两臂自然弯曲放在膝上，也可以放在椅子或沙发扶手上，掌心向下，两腿自然弯曲，两脚平落地面。

在正式社交场合，女性两腿并拢无空隙，不宜前伸。

就座交谈时，尽量不要背对自己将要与之交谈的人。为使坐姿更加正确优美，应当注意，入座要轻柔和缓，起立要端庄稳重，不可弄得座椅乱响，就座时不可以扭扭歪歪，两腿过于叉开，不可以高跷起二郎腿。女士着裙装入座时，应用手将裙装稍稍拢一下。正式场合与人会面交谈时，身子要适当前倾，不可以全身靠在椅背上，显得体态松弛。

坐沙发时，因座位较低，要注意两只脚摆放的姿势，双脚侧放或稍加叠放较为合适。避免身体下滑形成斜身埋在沙发里，显得懒散。更不宜把头仰到沙发背后去，把小腹挺起来。这种坐相显得很放肆，又极不雅观。

4.女人的走姿：步履轻盈，精神抖擞

女人走起路来应像风一样轻盈。双目向前平视，面带微笑收下颔。上身挺直，头正、挺胸收腹，重心稍前倾。手臂伸直放松，自然摆动。

走路用腰力，要有韵律感。如果走路时腰部松懈，就会有步履沉重的感觉，不美观；如果拖着脚走路，更显得没有朝气，十分难看。要保持优雅的步姿可以记住以下几句口诀：以胸领动肩轴摆，提髋提膝小步迈，跟落掌接趾推送，双眼平视背放松。

女人走路最忌"内八字"和"外八字"；不要弯腰驼背、摇晃肩膀；不要步子太大或太碎；走路时不要大甩手，扭腰摆臀，左顾右盼。

走路的速度也影响女人的优雅形象。走得稍快会给人以朝气蓬勃的感觉，相反则会给人以老态龙钟、暮气沉沉的不良印象。

留住青春容颜的小秘密

年轻是一种财富和资本，虽然人人都梦想永远年轻，但遗憾的是，谁都无法挽留住岁月无情的脚步。你总会在一些"脆弱"的地方找到皱纹的痕迹：前额、眼角、唇边、颈侧，等等。皮肤也不再像昔日那般柔滑细致，虽然不至于粗糙，但你已经能觉察到脸上的肤色开始不均匀，一些微小的伤口、暗疮印及睡觉时枕头在脸上所造成的"压痕"，需要较长时间才能离你而去。不仅如此，你脸上的毛孔开始变得粗大、明显，角质层很易积聚在表皮上。而皮肤专家也发现，30岁女性的肌肤易长暗疮。还有一点不得不提，在20岁时肌肤所受到的紫外线伤害，有90％会在30岁才出现症状。你会发现，就算很少晒太阳，脸上和脖子上的雀斑也在不断出现及加深。

以下是一些可以使你依然保持青春活力的补救行动：

多喝水。人体的主要成分是水，"女人是水做的"。在一般情况下，每天饮用6~8杯或2~3升水才能维持皮肤含水量的平衡。喝水是有讲究的：晨起一杯温开水，有利于清除肠胃垃圾，促进我们排出污物或毒素；早餐一杯牛奶、豆浆或果汁，既补充了机体能量和营养，又补充了我们身体必需的水分；上班时间多喝水，能够缓解疲劳，防止皮肤干涩；餐后再吃一些时令水果，有助于消化和养颜；晚餐汤粥都含水，营养物质全在内。我们在补水过程中，应尽量少喝甜饮料，要知道，过多的糖分会使皮肤酸化而不利于皮肤的保护。此外，睡前半小时左右不宜再喝水，这样可避免次日早晨眼部浮肿及眼袋的出现。

充足的睡眠。正常情况下，我们理想的睡眠时间是8个小时。晚上10点到清晨4点，脑垂体会分泌大量荷尔蒙使皮肤光泽有弹性，是肌肤新陈代谢最旺盛的阶段。如果此时得不到充足的睡眠，第二天便很容易造成眼圈发黑、皮肤灰暗失色、脱水生皱等。因此，我们应当尽量改变熬夜的习惯，保证良好的睡眠。此外，睡前用热水泡脚、洗个热水澡或饮一杯热牛奶，都可以舒缓一下身体，助你早入梦乡。

饮食均衡。我们在饮食上要每餐荤素合理搭配，做到既不戒荤也不拒素。多摄取一些含丰富维生素、优质的蛋白类和胶原类的食物，如油菜、金针菇、玉米、鱼虾、肉皮冻等；少摄取一些含油、糖、脂肪高的食物，以免身体内热量过多，导致皮下脂肪堆积，引起肥胖、脱发和痤疮以及各类心血管疾病；为美容和养身的需要，女性还应经常选配一些具有补气养血的食疗佳品，如银耳枸杞汤、当归红枣炖乌鸡等，以达到调理身心，达到美颜靓肤的功效。

常通便。肠道内的"宿便"是大量寄生虫和细菌的"培养基地"，它们在摄取"养分"的同时也在不断发酵和腐败，产生各种有害的毒素、废物，被肠道吸收进入血液，并通过血液循环，将这些毒素、废物带到肌肤表层，引起面部痤疮、色斑、皮肤粗糙、皱纹和气色难看等皮肤问题。所以，我们要多吃粗粮和含粗纤维的蔬菜，以加强肠道蠕动，利于排便。

修身养性。读书可以使人修身养性。"腹有诗书气自华"，丰富的知识一定会让你青春勃发、魅力无穷。读书可以提高你的内在气质，读书可以使你更具魅力！这是潜移默化的，也是充满神奇的！

晨跑。运动能使生命充满活力、青春永驻。生命在于运动，而最好的运动方式就是跑步了。跑步，最好是晨跑，因为一天最美丽的时候是清晨，清新的空气会不断地流入你的身体，你的身体就会像清晨的空气一样清新。清新就是青春，就是美丽！这种美丽不需要你花很多钱，也不需要你花很多时间。只要你坚持，一天都不间断。坚持越久你的美丽也就持续越久。

保持好心情。"笑一笑，十年少"。笑口常开，才能青春永驻；无忧无虑，才会使身体里的每一个细胞都快乐而不至于衰老。尽管现实生活中有很多令人烦恼的事，我们仍然要自己给自己创造好心情。有时间不妨多看看喜剧和笑话，开心地笑一笑，使自己保持一个好的心态，这样你的生命就会永葆年轻和美丽！

明眸善睐养出来

"前世的五百次回眸才能换得今生的一次擦肩而过，那么，我要用多少次回眸才能真正住进你的心中？"席慕蓉的这句诗，曾经迷倒了多少人。

眼睛是心灵的窗户，明眸善睐的美丽女子最容易吸引异性的目光。一张平凡的脸，只要加上一双熠熠生辉的眼睛，立时会神采飞扬。明眸善睐谁都希望拥有，那如何才能拥有一双漂亮的眼睛呢？

精心呵护，让你的眼睛会说话。美容专家介绍，眼部皮肤的厚度仅为面部皮肤的三分之一，十分娇嫩，容易受到威胁，比方说小细纹，还有让许多人烦恼的鱼尾纹，再有就是常见的黑眼圈、眼袋等，一不注意就产生了。

因此，我们平日里就一定要注意呵护眼部的皮肤，尤其是过了23岁以后，要坚持使用适合自己皮肤特征的啫喱、眼霜等眼部护理产品。尤其在冬季，睡觉前更应该涂抹具有滋润、保湿等效果的眼霜。

此外，为了避免黑眼圈、眼袋等的发生，尽量不要熬夜，最好在晚上11点之前入睡，注意睡觉前不要喝太多水，但可以喝一小杯热牛奶以保证睡眠质量。

让黑眼圈消失。黑眼圈已经成为爱美之人万分痛切的问题之一。熊猫虽然可爱，但如果把它的眼睛放在你的脸庞上，一定会让你的容颜失色。更为可恶的是，很多时候，我们并不知道黑眼圈是由什么引起的。一般来说，失眠、睡眠质量不好、常常熬夜的人或鼻子过敏的人，都会出现烦人的黑眼圈。

那么，面对这些烦人的黑眼圈，我们就束手无策了吗？当然不是。

据美容专家介绍，解决黑眼圈最好的方法是睡美容觉。美容觉的黄金时间是晚上11点到第二天的凌晨3点。如果你想让你的熊猫眼真的彻底消失，那么就请你至少保持一个星期的美容觉，好好地睡上一个星期，烦人的熊猫眼就会神奇地消失不少，甚至眼袋也会随之自动消失。

此外，敷眼膜、搽眼霜同样可以有效地去除黑眼圈。不过，这样的方法是一种外在的改善手段，只能将你的黑眼圈暂时变淡，如果要想彻底去除黑眼圈，还是需要内在的调理，也就是让自己变得放松一点，保证充足的睡眠。即便你再忙，也要争取在每晚11点之前上床睡觉，最晚不要超过12点。

此外，还有一种比较昂贵的方法，那就是用脉冲光去除黑眼圈。其效果比眼膜和眼霜要好，只不过和它们一样，不能完全消除。因此去除黑眼圈的最好办法，还是选择睡觉，做一个不折不扣的"睡美人"。

除掉可恶的眼尾纹。眼尾纹总是在不知不觉中透露你的年龄。如何才能让眼尾细纹消失呢？最常用的方法是远离阳光，因为紫外线不仅让你的眼皮受到伤害，还会让你的眼角长小细纹，因此如果没有必要，一定要做好防晒或是远离阳光；还有一个方法就是无论天气多冷，我们都应该坚持用冷水洗脸。这样做有两个好处，除了减少眼角的细纹之外，还会让皮肤看起来比较紧致白皙。

敷眼膜和搽眼霜也是不错的办法。虽然人们经常用这种方式来去除眼纹，可是很多人并不知道正确的涂抹方式是怎么样的。美容专家推荐的手法是：用中指指腹慢慢地往外推上眼皮，注意不能往内推，要轻轻地，千万别太用力，否则会使眼皮变形，力道的微妙只有你自己最清楚；至于下眼皮，则是从眼尾推向眼头，同样的，也要轻轻地。简单来说，就像以眼头为起点，绕一个圈圈。

解除金鱼眼的痛苦魔咒。如果你的眼睛突然变得像金鱼的眼睛一样，你一定会非常紧张吧。造成眼睛肿的原因有很多，比如疲劳，或者睡觉前喝水太多，眼睛都可能会肿成金鱼眼。所以，避免金鱼眼的方法就是多多休息，多做运动，睡觉前少喝水。

为了治疗金鱼眼，聪明的人想出很多方法，其中不乏一些有效的偏方，如喝薏仁水，或者喝黑咖啡。很多女人早上起床时，如果发现自己眼睛是金鱼眼，就会先喝一杯黑咖啡，这个效果非常好，脸部的肿很快就会消失，不过黑咖啡对胃并不是很好，因此建议肠胃不好的人慎用。

有人说，识别一个女人的最好方法就是看她的眼睛，所谓眼神如话，瞬息万变。可见透过一个人的眼睛，可以识别她对美的定义。就像迎面而来的陌生人，让人目光追逐的理由，往往并非精雕细琢的面容，而是那双摄人心魄的眼眸。相信只要我们呵护眼睛，坚持保养，就能拥有明眸善睐的美丽。

化个美妆，活色生香

清新、舒适、简单的化妆越来越受到现代女性的欢迎。化妆无疑给女人带来自信的美，不但可以起到遮盖和弥补面容的瑕疵和不足，还可以让女人的魅力倍增。无论是绚丽夸张的彩妆，还是清新脱俗的裸妆，无论是烟熏妆，还是烈焰红唇，都有着别样的风情。

1.根据脸型选择合适的妆容

先确定自己是鸭蛋脸、瓜子脸、梨形脸、圆形脸、方形脸还是菱形脸。脸型不同，修饰的重点也不一样。

梨形脸上窄下宽，可在两腮较宽部位加深色粉底。

圆形脸十分可爱，却缺乏立体感，应该在腮部和额头两边用深色粉底，拉长脸型。下巴和额头中间则使用白色粉底，形成立体感。

方脸线条较直，下巴缺乏温柔感，同样需在腮部和额头两边打深色粉底，额头中间和下巴加白色粉底，同时化点唇部的彩妆，表现出柔和的色彩。

长脸让人觉得不柔和，可以尝试在脸腮部和下巴打上深色粉底，增加秀气度。

菱形脸很有立体感，但颧骨较高，显得尖刻。应用较重的腮红在颧骨上造成厚重的阴影感，同时提亮、加宽鼻梁。

2.修眉

眉毛是女性很优雅的部位，眉如远山是女子历来追求的。画眉可以修饰眉型，将过短的眉型加长。修眉时要避免眉毛粗钝，宜拔除眉尾下缘，使之逐渐尖细。

一般修眉的原则是拔下缘留上缘，如果眉毛太粗眉峰又高（虽然这种眉型比较少见），则应该将眉毛从上缘拔除。

若眉毛太稀疏，则切忌画上僵硬的直线，而必须用细的眉笔画成短短的羽毛状，然后再用眉刷刷，使之近于柔和自然，不至于显得太突兀。

3.眼妆决定整体效果

眼睛是面部最富表现力的部位，漂亮的眼睛会给人留下美好的印象。适当的化妆能够弥补缺陷，增添眼睛的魅力。

小眼睛的化妆技巧：在上下眼睑画眼线，把汇合处往外画一些，并向上挑，这样可以使眼睛显得长一些。眼影要涂在眼眉下面，而不是眼睑上面。

深凹的眼睛的化妆技巧：下眼线画得往外和往上一些。使用暖色或亮色眼影，涂在眼眉下，而不涂在眼睑上。

圆眼睛的化妆技巧：从眼睛的内角开始画眼线，眼线要向外延伸并向上挑。下眼线画不画都可以。眼影涂在眼睑上和眼眉内半边的位置上。

突出的眼睛的化妆技巧：上下眼线不要交汇，上眼线略微向上。在眼睑上和眉毛下面涂咖啡色系列眼影。

4.鼻子的修饰要显示立体感

高挺合适的鼻子，会让整个面部生动立体起来。但生活中很多女人的鼻子，都有或多或少的缺点，需要根据自己鼻子的特点，进行恰当、合理的修饰。

可以用加强色彩的明暗对比，使低塌的鼻梁显得高一些。可以用深于肤色的浅棕色、棕红色、紫褐色等，在鼻子的两侧形成阴影效果。在鼻梁上涂明亮的颜色，可以用浅肉色或者用淡粉红加少量的白色与黄色，调成一种比皮肤明亮的颜色。如果用珠光型眼影，由于亮光的反射，会使鼻梁突出，但涂抹的面积不宜太大，只需在鼻骨及鼻尖上轻轻印涂，而且要符合鼻子本身的生理构造。

5.唇部的妆容

唇部的妆容，是一个女子脸上最灵动的一点。朱红一点，光彩照人，平添无限妖娆！

嘴型大唇线要深，唇红以暗红为妙；嘴型小的就要把唇线扩大，唇线也可用艳红色；嘴型太鼓，就要选择浅红色，且不宜画唇线；嘴型太瘪的，要画艳红色唇线，这样就可扬长避短，增添几分妩媚。

画唇彩要与自己的脸型协调。一般说来，胖圆脸型的人，嘴型轮廓都略显厚小，所以，可在原有嘴型的基础上画得大些、长些或棱角清楚些。瘦脸型的人，若嘴型显得薄而且大，唇线可将内边缘画得略圆一些，唇峰也宜圆，唇彩可用粉红、浅胭脂红、浅桃红色等，这样显得嘴型略圆，颜色柔和。

6.不同肤色要使用不同的化妆技巧

白皙的皮肤应用较浅色的遮瑕膏及粉底。大部分深色皮肤有色斑，需要妥善处理。用比你的肤色浅两度的遮瑕膏，扫擦较深色或不均匀的部位；宜使用不含油脂的液体粉底，色调应该比你的肤色浅；轻轻扑上透明干粉。对于黝黑皮肤，你可能需要用有色干粉，可抹上紫丁香或粉红干粉，增加暖色的感觉；然后抹上黄褐色或古铜色胭脂；以灰色或深紫色眼影美化明眸。橄榄色皮肤看起来灰黄，因此，带粉红色的粉底可以令人精神一振。用黑褐色或紫红色眼影，唇膏用玫瑰红色，令脸部明艳照人。

肌肤水嫩透白，焕发靓丽光彩

对于女人来说，世界上最美丽的服饰也比不上一身美丽的肌肤。肤如凝脂，肌肤似雪，都是形容女人的肌肤平滑、细腻、光洁、富有弹力，在视觉上可以传递健康、美好、善良和愉悦。

男人追捧一个女人，并不仅仅看重她的脸蛋、身材，很多时候，美丽的肌肤也占了很大一个部分。女人的肌肤是女性修养、生活品质和个人性情的一份特定的说明书。女性对肌肤的护养已经不仅是挽留青春、保持光鲜的问题了。

不少女性对护养肌肤存在较多观念上的误区，还有些人对护养的功效持怀疑态度，更有些人过分迷恋和迷信"某些护肤品的神效"，这些都是不客观和不可取的。肌肤护养是一个循序渐进、长期坚持的过程，那些几天祛斑祛皱、几月换肤的说法和做法都是不科学的，甚至是非常有害的。

真正的皮肤护养分为护理和保养两个方面，护理和保养角度不同，护理重在外，保养重在内。护理需要把握防晒、清洁、肌肤运动、化妆品使用主要环节，掌握正确的保养方法，才能有效地护养肌肤。

1.干性、油性、混合性肌肤，明确肌肤类型再进行保养

要想给肌肤营养，首先要明白自己的肌肤是属于哪个类型的，不同类型的肌肤所需要的营养也绝对不会相同。如普通的皮肤，既不会太干，也不会太油，那么只要保持正常的湿度也就足够营养了。如果是干性皮肤，经常起皮、发痒，那么就需要一些含水、油比较重的面霜，在第一时间给肌肤补充水分和油分；如果是油性皮肤，最好选一些清淡配方、无油胶质配方的面霜，或者选用含有松香油的晚霜，这样就会有效调节皮肤营养，达到很好地营养皮肤的作用。

2.祛斑、缩毛孔、祛痘，让肌肤零瑕疵

无论是雀斑、晒斑还是妊娠斑，都会给爱美的女性增添不少烦恼。比较浅层的斑，可以简单地通过面膜来解决，或者通过做脉冲光来消除。不过对于那些天生就有的斑痕，只能通过遮斑霜来进行覆盖了。

美丽的肌肤同样不能容忍大大的毛孔摆在那里。毛孔太大，不仅不美观，还不利于肌肤的健康。因为毛孔太大，粉刺、脏东西就容易在那里滋生蔓延。要想缩小毛孔，最关键的一道工序就是去除粉刺。另外，让毛孔缩小有一个秘诀，就是在用温水洗脸之后再用

冷水洗，给皮肤一个收缩的机会，长期如此，皮肤不仅可以变得有弹性，而且毛孔也会慢慢变小。

3.保持肌肤的水嫩透白，焕发质感光彩

肌肤保养还有一个问题就是如何保持肌肤的水嫩透白。现代的很多人皮肤都很容易变得干涩，原因就是因为她们长期生活在空调房里，水分流失比较严重。补充肌肤水分一个重要的方法就是敷面膜，特别是含补水成分比较多的面膜，对于肌肤比较干燥的人来说效果尤为明显。然而光靠敷脸是不够的，还得给身体补充营养。皮肤是身体的一部分，皮肤干燥也就间接地说明身体也是干燥的。因此，可以多吃水果、多喝水，这样可以间接地补充肌肤水分，当然，有条件的人可以选择一些胶原蛋白一类的补品，效果必然要好些。

在做好这些工作的同时，一定要记得保护自己的劳动成果——防晒。虽然说很多人喜欢阳光，可是阳光对于娇嫩的肌肤来说，可是一种无形的杀伤，对于保养的成果也是一种明显的破坏。它不仅让肌肤变黑，严重的还会灼伤皮肤，留下疤痕。这是一件很恐怖的事情，因此，无论是春夏秋冬、阴晴雨雪都要记得防晒。

说到防晒，很多爱美之人都会不约而同地想到涂防晒霜。是的，它是一种非常有用的防晒措施，但是涂防晒霜的频率一定要适中，最好每隔两三个小时涂抹一次，如果在水中或者是正在出汗的时候，则应涂抹得更勤。

4.养成良好的生活习惯，才能让肌肤保持长久美丽

要保持肌肤的美丽，就必须养成好的习惯，不喝酒，不抽烟，少喝含咖啡因的咖啡、茶、汽水等。酒精会影响肌肤健康，而咖啡因则会使皮肤脱水，造成皮肤干燥、松弛，形成皱纹。

总之，要想自己的肌肤变得美丽动人，是要花时间去保养的。世界上没有免费的午餐，对于肌肤也一样，只有先付出，才有后来的回报。

养护迷人体香，散发女人味

人的体味与个人的生活环境、遗传因素、健康状况、人体分泌物和排泄物以及卫生习惯等有着密切的关系。每个人的体味都是不同的。而内分泌功能旺盛，引起皮肤汗腺和皮脂腺分泌量增多，会导致体味异常。

一些人的体表腺体分泌物特别多，尤其是油性皮肤的人，会出现更多的汗、分泌油脂，使身体异味比一般人要强烈。

女性因为特殊的生理结构，会形成不同的体味。体表分泌腺分泌的腺液，常使女性身上的某些局部形成潮湿温暖的环境，促使细菌的生长与分解，产生异常体味。除了汗液、大小便等排泄物会产生一定的异味，还有特殊的排泄物，如白带等。在身体健康、注意清洁卫生的状态下，不会产生特殊的异味，而当身体患有某种疾病，或者出现感染，会形成体味异常。

个人卫生的状况直接影响着身体的气味。人的身体有许多不利于清洁的地方，如乳房下、腹股沟、腋窝、脐部等处，这些部位又非常容易分泌汗液，遇到温度高、湿度大的环境，容易滋生细菌，产生特殊的异味。

此外，体味异常还与疾病有关。各种排泄物与分泌物，包括粪便、痰液、白带、月经等，有恶臭者多属于实热证，略带腥味多属虚寒证。

体味异常或不良的体味都会令人尴尬，甚至是某些疾病的隐患。所以，拥有正常的体味，才是健康的标志。

1.因疾病产生的异常体味需找出病源

如果身体异味是由疾病引起的，就应该到医院彻底治疗原发病，去除病因。对于一些局部感染或其他异常引起的体味，应针对具体情况进行处理。

2.避免吃刺激性和味道浓厚的食物以加重体味

身体有异味者，应避免进食刺激性大、味浓色重的食物，如葱、蒜、韭菜、辣椒等，而应多吃含丰富蛋白质的食物和新鲜蔬菜水果等。

3.保持身体和环境卫生，可预防和减轻不良体味

经常洗浴，可以让身体干净清爽，消除不良气味。使用化妆品要适当，不可滥用油脂性过高、吸尘性高、吸水性强的化妆品，以防破坏正常的皮肤生理环境。注意身体隐蔽处的清洁卫生，尤其要注意经期、孕期和生育期的清洁卫生。平时多穿宽松式衣裤，纯棉质地的衣衫有利于排汗，少穿紧身衣。房间布置宜简单清洁，经常打扫居室，清洁地面，勤换洗床单枕套以及内衣内裤，去除室内外的杂物污物；保持室内空气流通。

4.适当使用止汗剂、爽身粉等护肤品，散发迷人体香

排汗有助于排泄废物、毒素以及调节体温。剔除腋毛，不仅可以美观，而且可以减少汗臭。止汗剂有止汗杀菌的作用，但过敏体质的人应该选择无添加剂成分的止汗剂。

第三章

越是成功的人，越在意自己的衣着形象

　　服饰是一种无声语言。美国华盛顿联邦银行总裁辛克利时常告诫属下的主管：如果你要别人以专家对待你，你就必须穿得像一个专家。一个人的着装往往能从一个侧面传递出一个人的修养、性格、气质、爱好和追求。比如，英国前首相撒切尔夫人爱穿夸张的宽衬肩服装，以表现她不可一世的女强人性格。可以肯定地说，女性在服饰方面比男子讲究的余地要大得多。

好仪表是建立优雅形象的第一步

美国前国务卿康多莉扎·赖斯，是美国有史以来领导国家安全委员会的第一位女性，也是美国政府中第一位身居高位的黑人女性。在美国总统乔治·W.布什的第一任期间，赖斯任职国家安全顾问。小布什成功当选总统后，赖斯任职总统国家安全事务助理。

提起赖斯，除了耀眼的"美国国家安全事务助理"头衔外，美国媒体从不忘记这样的形容：她不仅是布什总统的顾问，更是亲密的红颜知己。从白宫到国外出访，从德州的牧场到戴维营，人们总能在总统身边看见赖斯的身影。

有人把她说成是"穿着裙子的男人"，平日里是一副严肃的表情，但是赖斯也有极具女人味的一面。

赖斯是一位十分注重穿着、一丝不苟的人。媒介称她"举止端庄，温柔优雅"。在《时尚》杂志的封面上，赖斯身穿露肩晚礼服，坐在钢琴前演奏，与平时穿着套装时表现的严肃形象迥异。像大多数女人一样，这个美国最有权力的黑皮肤女人也是一个喜欢逛商店的购物狂。有一次她对采访记者说："我喜欢逛商店购物，如果有一天你在商店中遇见我，请不要太惊讶。"身材苗条的赖斯非常喜欢颜色醒目的一流服装，并喜欢穿上新买的服装享受孤芳自赏的乐趣。

除了服装外，赖斯还喜欢购买珠宝，尤其是黄金首饰。有一次，当赖斯来到一家名牌珠宝店要求挑选黄金首饰时，一名店员拉出一抽屉人造珠宝供她挑选，他显然认为这名黑人女性不可能买得起黄金珠宝，这一侮辱性的举动显然将赖斯激怒了，她冷静地说："我想我们必须搞清楚一件事，你站在柜台的后面，因为你必须为赚取每小时6美元的工资而辛勤劳动；而我之所以能站在柜台外面，要求看一看黄金珠宝，是因为我赚的比你多得多。"

赖斯还是一个购起鞋来欲望大得惊人的顾客。她非常喜欢一家地处旧金山联合广场的高级鞋店，那里有所有顶级品牌的鞋子。有一次，赖斯一下就买了8双非拉格慕牌皮鞋。几个月后，当她再次踏入这家店时，一个店员就跳过了所有长椅跑到了她面前。随同她一起来的朋友大笑起来，说："你一定会让他们高兴死了！他们一定互相说过上次你买鞋的情形，现在这个顾客又来了，今天可真是太幸运了！"

此外，赖斯还喜欢穿着价格昂贵的阿玛尼和奥斯卡·德拉伦塔品牌的服装，使用伊夫·圣罗兰牌的口红。

这位集优雅、权力于一身的女人可以说是成功女人的典范。她的良好形象和个人品味成为万千女性效仿的对象。

成功的外表总能吸引人们的注意力，当然，有影响力的外表包含着一种能力，是自信心和创造力的完美体现。

对于女人，良好的仪表是建立优雅形象的第一步。好的仪表不仅能够给你带来自信，也能给别人带来审美的愉悦。衣着是一种无声的语言，不但能给对方留下一定的美感，还能反映出你个人的气质、性格和内心世界。仪表对女人的影响非常大，大多数人对一个女人的认识，可以说是从其仪表开始的。

得体的服饰可以使你魅力出众

没有哪个女人不爱漂亮的衣服，合乎场合的服饰装扮可以使女人魅力出众。即使平常不修边幅的人，在庄重的社交场合也不要太过随意，那样会显得不尊重别人。相反，在一些轻松、愉快的社交场合或业余文娱活动中，则可选择活泼、鲜艳、款式随意一些的服饰，可以使人感到你是一个富有生活情趣不拘一格的人。

得体的服饰可以增加女人的自信心。也许你也有同样的感觉，要到一流饭店赶赴宴会时，总会将自己体面地打扮起来，若是到一般商店、市场购物，则是一套轻便的休闲服为好。其实，并不是每家一流饭店都规定必须西装革履，而是这些饭店的气氛和其他人的穿戴，会使你不得不注意自己的服装仪容。

乌克兰前总理尤利娅·季莫申科是人们公认的世界上最漂亮的女政治家。她个性张扬，喜欢穿昂贵、优雅的服饰，最喜欢路易·威登品牌，最喜爱的香水是巴黎的银雨香水。

她曾荣登全球最畅销的女性杂志《ELLE》的封面，并被登在《花花公子》杂志波兰版的封面上。金色的头发，紫罗兰色的路易·威登服装，再配上夏奈儿品牌的胸针，以及头顶类似编织物的发型，尤其是她头上盘的发髻，所有这一切都使她成为一位与众不同的政治家。《花花公子》曾评论她："季莫申科作为世界上非常漂亮的女政治家，征服了广大读者的心，许多人为之倾倒。"不过，上《花花公子》不是她的梦想，她说："成为《花花公子》的封面女郎是所有女人的梦想，但我更想上《时代》杂志，这才是我的风格。"

可见，女人的仪表形象和风格具有多么大的影响力。

女人的得体形象是给对方留下好印象的基本要素之一。试想，一个衣冠不整、邋邋遢遢的人和一个装束典雅、整洁利落的人在一起比较，给人的印象和好感会大不一样。

女人若有一套好衣服配着，仿佛把自己的身价都提高了一个档次，而且在心理上和气场上增强了自己的信心。

着装艺术不仅给人以好感，同时还直接反映出女人的修养、气质与情操，它往往能在你或你的才华未被认识之前，向别人透露出你是什么样的人，因此在这方面稍下一点工夫，就会事半功倍。

总之，女人穿着得体就会给人以良好的印象，它等于在告诉大家："她是一个重要的人物，聪明、成功、可靠。大家可以尊敬、仰慕、信赖她。"

会穿衣的女人更容易得到别人的认可，更能受到别人的青睐。那么，穿衣到底要讲究什么原则呢？

1.美学原则

美学原则是指以色彩、款式、面料、流行趋势和自身的身体条件相搭配。身体的一些优缺点都可以通过服装的搭配来展示和弥补。如可以利用色彩、条纹、款式等，充分展示自己形体的优点，掩饰身体的缺陷。

2.搭配原则

如果你是一个幼儿园的教师，可以穿得俏皮一点，如果你是一个公共关系职员的话，那么服装应当以严谨、端庄为特征。服装搭配包括上下、内外、季节、色调、款式、衣服与鞋袜等方面的和谐统一。搭配得体，才能给人以舒适感和美感。穿戴一定要注意所处的场合和礼节。不仅仅是为了体现自己的优雅，更是表示对对方的尊重。

3.经济原则

美丽永远是女人追求的一个目标，可是每个人的经济实力并不是一样的。因此，追求美丽应该根据自己的经济实力来确定。盲目跟风和追求时髦并不是一件好事情。服装应该梯次配备，各种档次的服装都有，这样也就能应付各种场合了。

穿着是最好的名片

女人见面，开场白经常和穿着有关，比如"你这身衣服真漂亮"或"这条丝巾搭配得太合适了"。穿着是你社交时，还没有开口就已经发出的第一张名片。所以，我们在穿着方面一定要得体，千万不要给人一种"视觉暴力"的感觉。

那么，究竟怎样才能做到穿着得体呢？首先要关注穿着与场合的关系。我们的日常服装大致可以分为职业装、休闲装、礼服（包括晚礼服和日礼服）等几大类别，我们在选择服装的时候需要注意以下几点：

职业装。得体的职业装是工作中重要的一部分。作为一个在职场上奔波的女性，主要的职责是展示自己的工作态度和工作才华。一旦走进办公室，我们的整体形象，包括衣着、妆容、佩饰、随身携带的物品，就都超越了其本身对于我们个人的意义。它们将转化为我们工作道具的一部分，成为工作所在地的一部分。

职业装应以端庄、简洁、亲切为基本原则。太保守、陈旧的衣服，容易给人以一种压抑、有失礼貌之感；而太时髦、新潮的衣服，与所处的工作环境、气氛格格不入。职业装颜色不宜太过鲜艳、复杂，还要考虑到与妆容、发型以及随身携带物品等的统一。另外，由于职业女性身处办公室这一特定的工作环境，每天大部分的时间都坐着，衣服极易起褶皱，所以在选择职业装时，一定要注重服装的质料。

职业装的颜色、款式比较单一，为了不给人造成视觉上的单调感，可以适当加一点小的佩饰，但是佩戴的饰品不能太多，更不能选择那些太过夸张的饰品，应尽量与整体服饰搭配统一。

休闲装。休闲装是为了适应现代化的个性化生活而产生的一类服饰，它兼收了生活服饰简单舒适和职业服饰大方的特点，赢得了越来越多人的青睐。

休闲服不论是从面料还是款式方面，都更注重与人体的亲密接触，也更方便人们的户外活动。它大多采用天然材料，触感柔和，易于吸汗，且不需要熨烫，加上它的色彩多用亲切、柔和的暖色系，更能给人轻松活泼之感。

现在职场的着装要求已大为宽松，休闲服也逐渐成为了一些轻松的职业场所适用的服饰。它作为一种新时尚、新观念的服饰语言，更加体现了服饰与人体间亲密、坦承、自由、从容的新规律。

晚礼服。晚礼服是用于宴会、晚会、庆典等礼仪活动的服饰。相对于职业装来说，晚礼服需要根据不同的场合及需求而定，其款式、特色等的变化之处较多。晚礼服的着装要求多以优雅、高贵为原则。在服装的造型上，西式风格的晚礼服以低胸、露肩的曳地长裙为主，强调女性美艳、性感、光彩夺目的一面，比较开放；中式风格的晚礼服则以中国传统的旗袍为主，注重突出东方女人端庄、温婉、贤淑、秀美的姿态。

晚礼服讲究做工的精美及服饰面料的品质。一套好品质的礼服不仅可以凸显女性的魅力，也能烘托出一个女人的社会形象和品质。它虽然不属于经常穿着的服饰，但在日常生活中，女人仍然可以根据自己的需要准备两件或者两件以上，尤其是具有多重组合功能的晚礼服，以便让自己在不同的场合表现出应有的穿着礼仪。

在晚礼服的佩饰方面，可以选择少量有画龙点睛之效的饰品。因为晚礼服本身在面料、色彩上已是光芒四射，所以在饰品的选择上，必须照顾到穿戴的整体性，给人一种主次分明的感觉，而不会让自己成为一棵移动的"圣诞树"。

商务着装的 TPO 原则

如何按照礼仪要求恰当地选择好自己应穿应戴的衣物饰品呢？就商务工作者而言，总的要求就是要严格遵行国际通行的TPO［Time（时间）、Place（地点）、Occasion（场合），这三点称之为TPO］原则。TPO原则，即着装与时间、地点、场合内容相协调的原则。

1.时间原则

时间原则包含三层含义：一是指一天中时间的变化；二是指一年四季的不同；三是指时代间的差异。

日间是工作时间，着装要根据自己的工作性质的特点，总体上以庄重大方为原则。如果安排有社交活动或公关活动，则应以典雅端庄为基本着装格调。晚间可能被宴请、听音乐会、看演出、赴舞会等社交活动，由于空间的相对缩小和人们的心理作用，往往对晚间活动的服饰比白天活动时的服饰给予更多的关注与重视。因此，晚间着装要讲究一些，礼仪要求也要严格一些。晚间着装以晚礼服为宜，以形成典雅大方的礼仪形象。西方国家有一条明文规定：人们去歌剧院观看歌剧一类的演出时，男士一律着深色晚礼服，女士着装也要端庄雅致，以裙装为宜，否则不准入场。这一规定旨在强调社交场合的文明与礼仪，同时也体现着尊重他人、营造优美环境与氛围的西方社会文化。

另外，一年四季不同气候条件的变化对着装的心理和生理也会产生影响，着装时应做到冬暖夏凉、春秋适宜。夏天的服饰应以简洁、凉爽、轻柔为原则，切忌拖沓累赘，给自己与他人造成不必要的烦恼和负担。冬天的服饰则应以保暖、轻快、简练为原则，穿着单薄会使人看起来唇乌面青、缩肩佝背；而着装过厚，又会显得臃肿不堪、形体欠佳。春夏两季着装的自由度相对来讲要大一些，但仍应注意总体上宜以轻巧灵便、薄厚适宜为着装原则。此外，服饰还应顺应时代的潮流和节奏，过分落伍或过分新奇都会令人侧目。

2.地点原则

地点原则，即环境原则。不同的环境需要与之相协调的服饰，以获得视觉与心理上的和谐感。在豪华的铺着地毯的谈判大厅与陈旧简陋的会客室里，穿着同一套服装得到的心理效应截然不同。与环境不相协调的服装，甚至会给人以身份与穿着不符的感觉或华而不实、呆板怪异的感觉等，这些都有损于商务人员的形象。避免它的最好办法是"入乡随俗"，穿着与环境地点相适合的服装。比如职业女性在衣着穿戴上不能太华丽，肉色蕾丝上衣、丝绒高开衩长裙，会使人怀疑其工作能力，同时也会遭到同性的嫉妒和异性的骚扰。同样，对于一个刚离开校门参加工作年轻职员来说，太清纯、太学生味的装扮也只会让自己显得幼稚、脆弱，让人怀疑其肩上能否挑得起重担；而太前卫的办公室着装只会让人觉得散漫、怪诞、缺乏合作精神。

当一个客户走进高雅洁净的办公环境，白领女性的穿戴会影响他对这家公司信誉的印象。因此，在夏天，下列衣裳和饰物等不该上班穿戴：

低胸、露背、露腹、敞口无袖上衣或透明衣裳；

一身牛仔或运动服装；

裸露一半大腿的超短裙；

黑网眼或花图案丝袜、露趾的凉鞋；

浓艳眼影、假睫毛、猩红指甲油，1米外可刺激人打喷嚏的香水；

廉价首饰、金脚链。

3.场合原则

场合原则是指服装要与穿着场合的气氛相协调，和从事的职业相匹配，如参加签字仪式或重要典礼等活动。要想让自己显得庄重、大方，表现出诚意或教养，穿一套便装或打扮得过于花枝招展都不适宜，不能达到预期目的；只有穿着合体的，质地、款式都庄重大方的套装才合适。

商务人员在不同场合的着装，关键是要让服饰与时间、地点及仪式内容相符。如能按照TPO原则，便可给人庄重、大方、高雅、整洁的好印象，同时也是对宾客或主人的礼貌与尊重。

学会把衣服穿得更合体

人的体型差异很大，十全十美的人很少。理想的体型，要求躯干挺直，身体各部分的骨骼都要匀称。胖、瘦或腿短、臀宽等不完美的体型，在礼仪活动中都可能成为自身的不利因素。但若能了解自己的体型缺陷，扬长避短，便可顺利应付任何社交活动。

体型较好的人，对服装款式的选择范围较大，着装时应该更多考虑的是服装与肤色、气质、身份、场合等的协调。

体型较胖的人最好着上下一色的深色套装。裤子的长度应略长一些，裤腿略瘦。

肩窄臀宽的人，应该注意使用垫肩，使肩部看上去宽些，也可以在肩部打褶以增加宽度，可以选择束腰的服装以衬托肩部的宽大。忌穿插肩上衣、宽大的外套和夹克衫，忌穿无袖上装、长而紧袖上装。腰粗的人应选肩部较宽的衣服，以产生肩宽腰细的效果，女士不宜穿腰间打褶的裙，不要把衬衫扎进裙子或裤腰中。

腿较短的人，可以选择上衣较短，裤稍长的服装。腿较粗的人，宜穿上下同宽的深色直筒裤，过膝的直筒裙，不宜穿太紧的裤、太短的裙。

服装的面料及质地不同，花型不同，会造成大小形象上的不同感觉。像粗呢、厚毛料、宽条绒等，这些面料如使用不当，使胖人看上去更胖，增加笨重感觉。发亮的料子，比如绸缎和一些化纤面料，使人看上去丰满，胖人穿上也会显得更胖。大花型的面料有扩张的效果，它使瘦人看上去丰满一些。小花型的面料也能使丰满的人看上去苗条些。花色面料还可以适当修饰体型有缺陷的部分，比如女士胸部不够丰满，可穿花色上衣弥补。

用旗袍展露你的东方女性魅力

旗袍是我国独有的、富有浓郁民族风格的传统女装。旗袍用流畅的曲线造型十分贴切自然地勾勒出东方女性躯体的婉柔美，体现出含蓄凝重的东方神韵。高领斜襟，是旗袍的神来之笔，下摆的长长开衩，在严谨中透出轻松活泼，并便于行动。

旗袍造型流畅、缝制简便，在夏季可以用棉布、丝绸、麻纱等面料制作，在秋冬季可用锦丝绒、五彩缎制作，也可挂上全里，既保暖又华贵。在社交场合用精致高档的旗袍做礼服，典雅高贵，不失雍容风度。日常穿用可选择花素全棉府绸或涤棉细布制作的旗袍，既朴素又大方。选用小花、素格、细条丝绸制作的旗袍，可表现出温柔、稳重的风格。

作为礼服的旗袍，最好是单一的颜色，一般常在绸缎面料上刺绣或饰物。面料以典雅华丽、柔美挺括的织锦缎、古香缎和金丝绒为佳。为了体现女性的端庄，旗袍的长度最好是长至脚面，开衩的高度，应在膝盖以上，大腿中部以下。穿无袖式旗袍，不要暴露其内衣，冬天可配以披肩，但不适合戴手套。

穿旗袍也要注意以下几点。

（1）与鞋子、饰物的搭配。金、银、珍珠、玛瑙等精致的项链、耳坠、胸花等是旗袍的传统伴侣。最新的伙伴是小巧而璀璨的名表，和怀旧的旗袍撞击出时代感极强的火花。着旗袍可配穿高跟鞋或半高跟鞋，或配穿面料高级、制作考究的布鞋，或绣花鞋。

（2）穿旗袍展示的是女性的高贵与优雅，所以应当避免一些不雅观的形体动作。例如，站立或坐下时两腿分开，弯腰驼背；大步走路或跑步，骑自行车更不可以。穿旗袍就要腹挺背直，走姿、坐姿、站姿和谈吐都要保持文静优雅，才能与旗袍的风格相衬。

（3）与旗袍搭配穿着的服饰有裘皮大衣，毛呢大衣，小西装，开襟小毛衣和各种方型大披肩，这些都要注意色彩要与旗袍的协调，还要根据不同的环境选用。

（4）不管你的个子高矮，选择及膝的旗袍比长及脚面的要轻盈得多，也给漂亮的鞋子更多发挥余地。

（5）旗袍不是只能搭配盘成一个髻的发型，虽然安全，却未免有些保守和过时。干练的短发女性尽可以尝试高领旗袍，现代的搭配美学强调的就是一点点刻意的不和谐。

（6）不要在商场里购买流水线上下来的成品，到有设计师挂牌的中式特色小店去，那里不仅有独特的面料、合身的剪裁，最重要的是可以避免低俗的设计。

用小物件的搭配营造女人高品位

讲究穿着的女性会注重服饰的各种细节，尤其是各种"小件"的搭配。如皮带、围巾、帽子、包等，不仅实用，而且具有极强的装饰效果。搭配和谐得体不但能点缀衣服，更可突出个人的整体形象。

1.帽子

女式帽子款式繁多，每种帽子所起的作用不尽相同。遮阳帽适合脸盘大、方脸的女性，体现出女性的温柔美。休闲帽和贝雷帽适合小脸、瓜子脸的女性，搭配柔顺的长直发，给人一种甜美可爱的感觉。运动帽一般与运动装和休闲服搭配比较协调，圆脸的女性戴运动帽，看上去会更加活泼。装饰帽能显得脸小，适宜大波浪卷发的女性。手织的绒线帽俏皮可爱，适合约会和聚会的场合。长脸形不宜戴高帽子，圆脸形适宜戴顶端微凸的帽子；个矮戴稍凸的帽子会显得高，头小不要戴大帽子。

帽子的式样要与衣着相协调。礼帽与长裙相配，既浪漫又高雅；黑色服装适宜搭配白色、灰色或深褐色的帽子。地位较高的女士，可以选择呢帽、宽边帽，有边沿的帽子会为女士增加风度和气派。身材娇小的女性应选择宽大边檐帽，但帽檐不可超过肩宽。

女性戴帽子时，不宜佩戴垂坠式的耳饰、多连式的长项链等，可以改配扣型耳饰和短珠项链，或者系一条短丝巾，以增加飘逸之美。

2.围巾和丝巾

一条既保暖又漂亮的围巾，给寒冷的冬天增添了几许亮色。衣装厚重、色彩偏暗，应搭配色彩艳丽的围巾，以打破冬季的沉闷。羊毛或兔毛围巾柔软而且保暖，在茄克、大衣的翻领内，围上一条柔软亮丽的条格图案围巾，不仅增加自己的气质，也增加了人的愉悦心情。

在春夏季节温暖阳光的天气里，搭配一条轻柔飘逸的花色真丝围巾，可以体现女人的柔情似水。体型高挑的女人，适宜选择宽大、花型小巧、色彩柔和的丝巾；体型纤小的女人适宜选择花色艳丽的短丝巾或方巾。素色衣服可以搭配素色丝巾也可以采用不同色系的对比色搭配法。另外，采用相同颜色、不同质感的搭配方式也很协调。

丝巾的扎法多种多样，取决于场合和服饰的需要。出席晚宴时，把长形丝巾随意地搭在肩上，会营造出一种飘逸优雅的气息。在商务场合，简洁利落的蝴蝶结和链状结的丝巾，会给人干练的感觉。

3.手套

手套不仅可以御寒，在不同的场合还发挥着极其重要的装饰作用。黑色的皮手套最为大众化，与服装最容易搭配。丝缎、蕾丝、绣花的手套，适合乍暖还寒的春秋佩戴。亮缎手套搭配露肩晚装，适合隆重的宴会或舞会。绒线手套质地轻柔比较适合运动场合，白纱手套可在交际场合戴。年长稳重的女性适合戴深色手套；年轻活泼的女性适合戴浅色或彩色手套。

手套的长度和大小应长及手腕刚刚盖过手表为好，并且要被衣袖盖在下面。女士在舞会上戴长手套时，不要把戒者、手镯、手表等物戴在手套外边。穿短袖或无袖服装参加舞会，一定不要戴短手套。戴任何手套都一定要保持整洁。当人们握手寒喧时，女士可不必脱下手套。需要饮茶、吃东西或吸烟均应脱下手套。另外，女士不允许戴着手套化妆。

4.腰带

腰带主要用在各类裙、裤及风衣等服装上，起到装饰美化的作用。显眼的扣环设计，最引人注目。选择不同风格的腰带及扣环作为形象搭配，可以显现女人的魅力风情。

镶钻皮带适合小蛮腰的女性，皮带挂在腰下又要感觉贴身最好。金属皮带给人一种重量感，适合低腰裤、浅色休闲裤或者是西裤。金属腰链一般适合身材苗条的年轻女孩，搭配裙装和裤装都比较适宜。

5.眼镜

眼镜不仅仅是一种实用工具，还是一种时尚的装饰品。眼镜可以修饰眼睛的不足，增加装饰的功效。如眼睛长得小或形状不美，或眼周围有疤痕，戴上眼镜能够有效地遮挡这些不足。

在骄阳下、风沙天、海滩浴场等场合，佩戴一副太阳镜，既时尚又可以防晒防沙。在车床边参观、工作等，需要戴上专用的保护眼镜。

文雅学生风格的女性，适合佩戴细边镜架和圆形镜片的眼镜，可以更秀气文静。粗重的镜架会让人产生信赖感。时尚派的女性佩戴紫红、水蓝、浅茶色镜片配上方形镜架，给人亮丽明媚的美感。成熟女性或者是办公室一族，宜选择保守款式和颜色的眼镜。

选择眼镜时要考虑自己的脸形和肤色。

长脸形宜用阔边方形的眼镜架，短脸形应选用无色透明框边的眼镜架。圆脸形宜用有棱角的方形镜架，而不能选择圆形镜架。脸形过大或过小，应选择轻巧别致的镜架。

皮肤较黑应选用较为明亮的镜架；皮肤白皙则可选浅色镜

架；皮肤发黄宜用暖色调镜架。

塌鼻梁应戴有高鼻托的眼镜，高鼻梁则宜戴低鼻托的眼镜。眼睛间距较宽宜选用深色大镜架；眼睛间距较窄宜选择中间有镜桥的透明浅色镜架。

穿衣时要避讳的细节

美国形象大师罗伯特·庞德罗列的穿衣之忌：

（1）买廉价衣服。

（2）穿破旧、过时的衣服。

（3）穿非自然材料、寒酸的衣服。

（4）看起来就是失败者。

（5）看起来就很懒散、不修边幅。

（6）展示一维空间形象——敏锐、"酷"或者粗犷的乡下人。

（7）穿着太伶俐，如同可爱的孩子，用过多的小玩意儿装饰。

（8）加强你的身体缺陷（太胖、太瘦、太高、太矮）。

（9）减弱你身体的优势。

（10）暴露你的劣势，而不是优势。

（11）衣着传递的信息让人困惑——你的衣着应永远是积极的、与自己的风格相统一的宣言。

（12）衣饰的搭配不合适。

（13）不适宜的装饰物，过分地耀眼而显得俗气。

（14）穿着无品位，过于乏味平淡，不让人感到振奋。

（15）穿廉价的鞋，戴廉价的首饰。

（16）把昂贵和廉价的服饰搭配起来，它整体看起来劣质、廉价，因为廉价劣质服饰总是突出醒目。

（17）当你需要穿着雅致、精细时，却穿着随便、休闲。

（18）陪同你的人穿着随便、不当。

（19）穿着与年龄不符，成熟的人穿着幼稚可爱，年轻者却穿得老气横秋。

（20）刻意让自己穿着随便，以为如此会让自己与大众融为一体，显得民主，但事与愿违，你在降低自己，也不尊重他人。

（21）做了时尚的奴隶，毫无思想地服从时尚，但其中很多服饰并不适合你。

（22）允许服装店的人向你推荐，卖给你服装，而不是为你服务。

第四章

谈吐大方，会说话的女人最优雅

　　拥有好口才才能在各种商务应酬场合如鱼得水：
从容自若地与各色人等巧妙周旋；口吐莲花，为自己
赢得商业伙伴的青睐……总之，总是能在任何场合抓
住听众，让自己的语言直入听众的心灵。因此，会应
酬的女人会说话。

女人长得漂亮不如说得漂亮

一般人认为只要哪个年轻女人天生丽质、长得漂亮，就有可能交上好运。其实，有些女人虽然外貌标致俊美，服饰更是新奇漂亮，但素养较差，语言浅陋，不仅当众说话毫无魅力可言，其外表的美貌也因此而丧失了光彩。而有些女人则是天生的社交高手，这不一定是因为她们拥有多么出众的外貌，而是因为她们无论在什么场合都能妙语连珠，博得满堂彩，从而也为自己增添了人格魅力。

女人可以不漂亮，但是一定要会说话。说话恰当得体、妙语连珠，会为你的美丽加分；而说话粗俗浅陋、词不达意，则会使女人的自我形象受损。

可以说，出色的美貌是女人的一种竞争力。但天生容貌出众的女人并不多，庆幸的是，与美貌相比，良好的口才更是女人脱颖而出的资本。

一个会说话的女人，必定能够将自己的智慧、优雅、博学、能力通过自己的口才展示在众人面前，从而使自己受到周围人的喜爱。

那么，怎样才算"会说话"？只是能简单通顺地表达清楚自己的意思，并不能够满足我们生活、工作及人际交往方面的需要，这就需要运用我们的智慧，把自己内心的愿望用一种别人乐于接受的语言表达出来，不仅把话说得优美动听，而且让听我们说话的人能够心情愉快地接受，这才是真正的“会说话”。

会说话的女人，不仅能说得让他人爱听，还能够通过语言的魅力帮助自己摆脱尴尬和困境，让自己时时处处都成为一个受欢迎的人。

世界知名化妆品品牌玫琳凯的创始人玫琳·凯，就是一位极会说话的高贵女人，她说的每一句话都会让身边的人感觉舒适、轻松和温暖。据说，在她创业初期，曾经经历过这样一件有趣的事：

一天，她与朋友一起去逛服装店，无意中听到了一个金发女孩和一个黑发女孩的对话。当时，金发女孩正在试穿一件衣服，衣服看起来很合身，很漂亮。

看着同伴穿着漂亮的衣服，黑发女孩由衷地称赞道：“这件衣服真的很漂亮，只是没有刚才那件好，那件衣服的扣子太漂亮了。”

金发女孩听后很不高兴地说道：“我很讨厌那件衣服，尤其是扣子，难看死了，我才不要呢！”黑发女孩本来是好心提个建议，听到同伴这样说话，看起来也有些生气。看了金发女孩一眼，噘起嘴不再说话了，两个人谁也不再搭理谁，金发女孩也把衣服放下，打算走人。

玫琳·凯把这一切都看在眼里，她笑容满面地走过去，轻声地对金发女孩说：“刚才这件衣服你穿上很漂亮，尤其是衣服的领子，把你的气质衬托得很高贵，如果你再配上一条项链，那就更加完美了。”

金发女孩听后羞赧地一笑，低声说：“其实刚才那件的扣子也很漂亮，不过我更喜欢这件衣服的领子。”说罢，牵起黑发女孩的手，高兴地买下了衣服。

会说话的女人会拥有美好的爱情、幸福的家庭，才会拥有和谐的人际关系，会拥有超强的人脉资源。因为，会说话的女人本身就具有一种超能力，她可以通过好口才从而进一步提升自己的优雅指数，并最终成为集万千宠爱于一身的女人！

精彩开场白，打开说话第一步

会说话的女人拥有一种高层次的优雅。她们从来不会在公众场合表现出惧怕和害羞感，而是善于运用各种沟通技巧，实现与人结识、交往的目的。

一个女人说话是否有魅力，直接影响到她在人们眼中的吸引力，也关系到她是否具有良好的人缘，同时还影响到她能否自如地与别人说话，并表现出足够的自信。

假如你是个容颜美丽的女人，优雅动人的谈吐可以使你更加迷人；假如你是一个相貌平平的女人，得体大方的言谈也可以让你倍添光彩。会说话让你更具魅力，让你圆融通达，人见人爱。

组成说话魅力的内容是十分广泛的，你所说的内容，遣词造句，说话的语气语调，说话时的身姿、手势、表情等等种种因素，都可以反映出你说话是否有魅力。女人应该掌握好各种说话的技巧和艺术，才能通过说话来展示自己的魅力，从而成为会说话的女人。

女人怎样打开说话第一步，精彩的开场白可以助你一臂之力。

尽管你的口才并不语出惊人，但一个别有特色的开场白，同样可以引人注目。

1.以礼开场

礼貌就是一个人的名片，说话有礼貌的女人总是更受人欢迎。礼貌看似小事，却直接影响着个人的形象。女人说话有分寸、讲礼节，词语雅致，内容富于学识，是言语有教养的表现。另外，有教养的女人懂得尊重和谅解别人，委婉而善意地指出别人的缺点。在高明的说话技巧和高雅的行为举止相得益彰时，才能使彼此达到理想的交流，那么在交谈中也就容易开口了。

2.用眼开口

有时言语无法完全表达清楚我们的心思与用意，这就需要借彼此眼波交流来达到心灵间的沟通。如果我们要拒绝他人或者责备他人，或是不便于用言语来表达某种思想，不妨试试使用这种以眼代言的方法，也许能够达到较理想的目的和效果。

无论是询问、请求，还是劝诫、说服，都可以从眼神及表情上表露出来。这里要注意一点，人的眼神应该是随着说话的语气而高低有异。比如，若是有求他人或是答谢他人之恩，我们应由下往上注视，因为当自己以一种祈望的眼神向对方求助、感谢时，也就自然抬高了对方的地位，这样才能得到对方的同情与回敬。

3.委婉开口

在生活中，直言直语、尖酸刻薄是一把伤人又伤己的双面利刃。为了你的交际生活不至于四面树敌，你最好还是少直言指责他人处事的不当，或去纠正他人性格上的弱点。大千世界中的每个人都有自己独特的性情、兴趣和不同的生活态度，因此不可避免地会产生观念上的冲突。如果我们能在不否定他人见解的前提下得体地表达自己的意思，那么就会达到交际上的成功，可见委婉开口是一个很有用的说话方式。

4.感谢开口

"谢谢"这个词很有魔力。也许很多女人不是不想表达她们的感激之情，只是不知道该如何开口，只好选择了沉默。还有一些女人，她们充满感情的表达却让对方感到不自在。

在表示感谢的时候，一定要使你的话清晰而自然，不要吞吞吐吐，含糊其辞。不要忘记对方的名字。"谢谢你！"和"谢谢你，小李！"的效果是完全不同的，尤其是你们并不是太熟悉的时候。当别人帮助了你的时候，千万记得说声感谢，一个会说"谢谢"的女人，才最得人心，最容易成功。如果想成为一个受欢迎的女人，就把你的感激表达出来吧。

嘘寒问暖，掌握必要的客套话

嘘寒问暖在社交当中即是寒暄。寒暄者，应酬之语是也。寒暄的主要用途，是在人际交往中主动地打破僵局，缩短人际距离，向交谈对象表示自己的敬意，释放自己的善意，或是借以向对方表示自己乐于与之结交的意思。所以说，在与他人见面之时，若能选用适当的寒暄问候语句，往往会为双方进一步的交谈，做好良好的铺垫；反之，在本该与对方寒暄几句的时刻，反而一言不发，这是极其无礼的，尤其在正式的社交场合。

万事开头难，会晤开始前离不开寒暄。音乐始于序曲，会晤起于寒暄。寒暄和言辞是会晤和商务活动中的重要内容，是人与人之间表达情感的一种方式。寒暄是会客中的开场白，是坦率深谈的序幕。言辞则是人们互相接触交往而进行的谈话，它是人们增进了解和友谊的重要方式。要使寒暄与言辞达到预期的交往目的，就必须遵循一定的礼节。

寒暄是会晤双方见面时以相互问候为内容的应酬谈话，属于非正式交谈，本身没有多少实际意义，它的主要功能是打破彼此陌生的界限，缩短双方的感情距离，创造和谐的气氛，以利于会晤正式话题的开始。那么我们应该以什么方式来进行寒暄问候呢？说第一句话的原则应是：亲热，贴心，消除陌生感。比较常见的寒暄方式大体有以下几种类型：

问候型寒暄。问候寒暄的用语比较复杂，归纳起来主要有以下几种：表现礼貌的问候语，如"您好""早上好""节日好""新年好"之类，这些是受外来语的影响在近几十年中流行开来的新型招呼语。过去官场或商界的人，初交时则常说："幸会！幸会！"表现思念之情的问候语，如"好久不见，你近来怎样？""多日不见，可把我想坏了！"等等。表现对对方关心的问候语，如"最近身体好吗？""来这里多长时间啦？还住得惯吗？""最近工作进展如何，还顺利吗？"或问问老人的健康，小孩的学习等。表现友好态度的问候语，如"生意好吗？""在忙什么呢？"这些貌似提问的话语，并不表明真想知道对方的起居行止，往往只表达说话人的友好态度，听话人则把它当成交谈的起始语予以回答，或把它当作招呼语不必详细作答，只不过是一种交际的触媒。

攀认型寒暄。俗话说："山不转水转，水不转路转。"人际互动中的关系也是这样。据国外专家统计，只要通过五个认识的人，就可以将世界上任何两个人联系起来。在人际交往中，只要彼此留意，就不难发现双方有着这样那样的"亲戚""朋友"关系，如"同乡""同事""同学"，甚至远亲等沾亲带故的关系。在初见时，略事寒暄，攀认某种关系，一见如故，是建立交往、发展友谊的契机。三国时，鲁肃见诸葛亮的第一句话是："我，子瑜友也。"（子瑜就是诸葛亮的哥哥诸葛瑾）这短短一句话，就奠定了鲁肃与诸葛亮之间的情谊。在现实生活中这种攀认型的事例比比皆是。"我出生在武汉，跟您这位武汉人可算得上同乡啦！""您是研究药物的，我爱人在制药厂工作，咱们可算是近亲啊！""唉，您是北大毕业的，说起来咱们还是校友哩！"这些事例，说明在交际过程中，要善于寻找契机，发掘双方的共同点。从感情上靠拢对方，是十分重要的。

敬慕型寒暄。这是对初次见面者尊重、仰慕、热情有礼的表现。

如"我可久仰大名了！""早就听说过您！""您的大作，我已拜读，获益匪浅！""您比我想象的更年轻！""小姐，您的气质真好，做什么工作的？""您设计的公关方案真好！"简单一句敬慕的话语，就可以使对方愿意与你交流。

寒暄语或客套话的使用还应根据环境、条件、对象以及双方见面时的感受来选择和调整，没有固定的模式，只要让人感到自然、亲切，没有陌生感就行。那么，寒暄应注意些什么呢？

首先，态度要真诚，语言要得体。客套话要运用得妥帖、自然、真诚，言必由衷，为彼此的交谈奠定融洽的气氛。要避免粗言俗语和过头的恭维话。如"久闻大名，如雷贯耳""今日得见，三生有幸"，就显得不自然。

其次，要看对象，对不同的人应使用不同的寒暄语。在交际场合，男女有别，长幼有序，彼此熟悉的程度不同，寒暄时的口吻、用语、话题也应有所不同。一般来说，上级和下级、长者和晚辈间交往，如前者为主人，则最好能使对方感到主人平易近人；如后者为主人，则最好能使对方感到主人对自己的尊敬和仰慕。寒暄用语还要恰如其分。如中国人过去见面，喜欢用"你又发福了"作为恭维话，现在人们都想方设法减肥，再用它作为恭维话恐怕就不合适了。西方小姐在听到人家赞美她"你真是太美了""看上去真迷人"，她会很兴奋，并会很礼貌地以"谢谢"作答。倘若在中国小姐面前讲这样的话就应特别谨慎，弄不好会引起误会。

除了看对象以外，当然还要注意场合是否合适，只有在合适的场合进行适当的寒暄才能给对方留下一个好的印象。拜访人家时要表现出谦和，不妨说一句"打扰您了"。接待来访时应表现出热情，不妨说一句"欢迎"。庄重场合要注意分寸，一般场合则可以随意些。有的人不分场合，甚至在厕所见面也问别人："吃过没有？"使人啼笑皆非。当然，也有适合范围较广的问候语和答谢语，如"您好！""谢谢！"这类词，可在较大范围，也可在各色人物之间使用。

女人有内涵才能妙语连珠

有的女人会苦恼地说："我也想把谈话变得妙趣横生，可是我确实找不到要说的话。"怎样解决这些问题才是关键。找出你周围受人喜欢的几个人，回想一下你和他们的谈话，你是不是发现他们要么能聆听别人说话，要么就是信息量丰富的健谈者？

好口才要有足够的底蕴作为基础。谁见过一个目不识丁的女人能口吐莲花呢？好的口才是建立在深厚的学识基础之上的，如果脱离了这个根本，那么言谈就会成为"无源之水、无本之木"，淡而无味。

看看林徽因的一生我们就应该知道，女人一定不能让自己淹没在琐屑的家务中，而是要锻炼自己的说话、为人处世的能力，加强自身的修养，让自己充满活力，让自己生动起来，成为一个仪态万方的"万人迷"。

20世纪30年代，北京东城北总布胡同有个"太太的客厅"，是"京派"文学和贵族文化的殿堂。"太太的客厅"就设在林徽因的家里。当时林徽因已经身染严重的肺病，但她仍保持着与生俱来的开朗和明丽，说起话来滔滔不绝，没人能插得上嘴。费正清的夫人回忆说："梁太太总是聚会的中心人物。当她侃侃而谈的时候，她的那些爱慕者们总是为她天马行空般的灵感中所迸发出来的精辟警语而倾倒。"萧乾回忆说："那绝不是结了婚的妇人的那种闲言碎语，是有学识、有见地、犀利敏捷的批评。"

单看林徽因的照片，谁都会有些疑惑：她确实美丽，但并不是那种摄人心魄的美。何以风流倜傥的诗人徐志摩、哲学家金岳霖、建筑学家梁思成都为她倾倒呢？很简单，她的美丽不仅在于容貌，更在于她的智慧、才华和活力。生动的女人才有魅力，才会让人感觉永久美丽。

说话也是一样，首先你要有知识、有内涵，如此才有可能说出精彩绝伦的话。说话虽然需要一定的技巧，但也与一个人掌握知识的多少有着密切的关系，正所谓"腹有诗书气自华"。知识面不够宽广，就算口若悬河，技巧掌握得再多，也是无法说服别人的。

缜密的思维，幽默机智的应答，准确的表达，这一切无疑都来源于头脑中的广博知识，那种不着边际的、没有实际意义的夸夸其谈不是好口才。

女人有内涵才能口吐莲花，妙语连珠，倾倒众人。具体来讲，应该从以下几个方面多下功夫：

1.多读书看报，涉猎知识

女人一定要爱读书，与一些高尚的人交朋友。很多女人在和别人谈话的时候，别人都不爱听，那是因为她缺乏生活的积累，说的都是一些肤浅的话。所以，要想有好口才，多加强生活积累显然也很重要。知识、阅历、情感、生活等，都提升着女人的品位和内涵。

2.紧跟时尚，把握时代的脉搏

穿着时尚的女人总能给人美感，而如果一个女人穿着时尚，嘴里说的却是落伍的词语和话题，那就只能被人嘲笑了。所以，女人不仅要在服装上做时尚的代言人，也要让自己的知识随时更新，紧紧跟随着时代发展的脉搏，让自己的语言也时尚流行起来。

3.建立话题资料库

遇到喜欢打扮的，可以说出几个品牌化妆品和服装；对方喜欢文学，就可以和他聊聊尼采、雪莱……上知一点天文，下懂一点地理，雅事如插花、咖啡，俗物如擦洗马桶等都有所了解，这样才能和各式各样的人有交谈的话题。不妨准备一个小本子作记录，形成自己的思想和见解。有了自己的词汇库，说起话来也就头头是道，甚至常常能妙语惊人，这就是积累的结果。

4.语言要高雅得体

今天的美女，似乎早把"出口成脏"当成了时尚，随心所欲，旁若无人。如果不是处在青春期懵懂、叛逆的孩子，请发泄的时候找对场所和对象。记住，"出口成脏"不是时尚。

5.不做琐碎的是非女人

婆媳关系、夫妻感情、孩子教育，七大姑八大姨的纷杂人际……这些都只是你的家事，请不要把它们广而告之。把你的喜悦传递给别人，把你的烦恼只选择向真正会为你分忧而不是等着看你笑话的朋友倾诉。不要加入东家长西家短的是非讨论，女人们在一起其实也有很多有趣的话题：练习瑜伽的裨益；购物、美容的收获；烹饪和家务的心得；旅游的见闻和乐趣……从交流中开阔视野，从交流中放松心情。

让你的声音再甜美一些

在社交场合中，如果一位女性拥有良好的举止仪态，说话的声音也很甜美，那就会更加增添她的女性气质，使她的语言充满感染力。

心理学家认为，声音决定了女人38%的第一印象。当人们看不到她的外貌时，音质、音调、语速的变化和表达能力会决定其说话可信度的85%。因此，甜美的声音是女人自然天成的乐符，是穿越男人灵魂的旋律。

利用声音在电话中处理公务，和朋友谈心甚至与分居两地的爱人在电话中缠绵都已是很常见的事。如果能让自己的声音再动听悦耳一些，那么就会给对方带来美好的感受。

看过电影《天使爱美丽》的人都很喜欢里面的女主角艾美丽，能赢得天下男人女人的迷恋，除了她纯真美丽的形象外，她充满童音的稚嫩语言起了关键作用。即使你没有看到艾美丽，但是你听到她孩子般的声音，也会把她想象成一个童心十足、美丽可爱的女子，这是因为声音的作用。

声音由体内器官发出，反映着人体的很多状态，如情绪、情感、年龄、健康状态、喜好等等。有人说"声音是女人裸露的灵魂"，声音能透露女人心灵的世界。声音是身体最美的旋律，它自然天成，魅力持久，而且可以在后天的努力训练之下越来越动听。很多女人懂得打扮，懂得穿衣，懂得用香水，懂得学习礼仪，但不懂得善用声音。

我们往往有这样的经历，同样的话从不同女人的口中说出，效果可能大不一样。因为她们说话时的声音、语调等不同，所以说话时的感情自然不一样。有的女人体态优美，但一发声，男人就想跑。从容不迫的音调，不温不火的谈话，带给人的就是信任感；而那种尖嗓快语，则很容易让人感觉轻浮，产生不可靠之感。

其实，女人的声音也是可以训练的，就如同女人的形体可以塑造一样。女性要使自己的声音有吸引力、让人爱听，就要"包装"声音，塑造出美的声音。

那么，究竟怎样才能练就一副好的嗓音呢？你至少应该从以下几个方面去努力：

1.检验一下自己的音质和语调

你是否了解自己的音质、说话速度的快慢？大多数人并不太清楚，而且也从来没有想过要把检验自己的声音和说话速度当成一回事。也很少有人会想到要透过录像机或者录音机来听听自己的声音，即使曾想到过，大多数人也不太愿意真正付诸行动。但是，为了提高说服能力，就必须了解自己各方面的状况，这其中当然包括声音在内，并且要从根本来加以改善。为此，就有必要利用录像机或录音机来检验一下自己的音质和语调。

2.记下他人沉静平稳的嗓音，勤加模仿

这样不知不觉中，你的声音就会产生连自己也察觉不到的变化，甚至达到与你心中理想声音酷似的地步。

3.控制音调的高低变化

如果你在和别人讲话时始终保持同一个音调，就会使对方昏昏欲睡，打不起精神，自然也就达不到讲话的目的。即使内容再精彩也不会引人注意，还可能使别人不乐意与你交往。

4.口齿清楚，不要有太多的尾音，每个音节之间要有恰当的停顿

声音太大了会让人反感，让人感觉是在装腔作势。但音量太小会使人听着费劲，误以为怯懦。一般要根据听者的远近，适当控制

自己的音量，最好控制在对方听得见的限度内。

5.放慢说话速度，应追求一种有快有慢的音乐感

单调如一的声音如同催眠曲，令人厌烦。可以放慢速度强调一些主要词句，在一般内容上稍微加快速度。随着内容和情绪的变换，说话的音量和音调也应该发生变换，可侃侃而谈如淙淙流水，也可慷慨激昂似奔泻的瀑布。在不同声音段里，要有高潮、有舒缓、有喜忧，才能引人入胜，扣人心弦。

声音是一种能量，能影响和作用于他人。温婉的声音，让人产生信任感；甜美的声音，让人乐于倾听；有些女性的声音还具有性感美。声音能够表现个性，传递性情。人与人之间更多更深的交往总是依赖语言，女人能够懂得声音的重要性并努力地调整和改变，生活会顺利和愉悦很多。

多谈论令人愉悦的话题

没有人会喜欢经常闷闷不乐、诉说生活苦闷的女人，更没有人会喜欢接近散播坏消息、八卦、搬弄是非的女人，就一个话题漫无边际、翻来覆去地说，也会令人生厌。在琐碎的问题上纠缠不休，得理不饶人的女人更是让人望而生畏。种种不合时宜的、话题令人不感兴趣的谈话，都是影响女人优雅形象和魅力的关键因素；相反，那些愉快的话题往往能让女人在短时间内和对方建立良好的关系。

做个会说话的女人，先要有个好话题。文学、艺术、哲学、时尚、美容、居家、亲子等，都是比较适合女人交谈的话题。话题应尽量避开粗俗的内容，也不要使用粗俗或不雅的口头语，这些都使人感到格调低下，甚至会冒犯对方。

以下是选择话题的沟通技巧：

1.轻松的话题令人身心愉快，擅长的话题可以无话不谈

女人之间交谈一些令人轻松愉快、身心放松、饶有情趣的话题，可以让身边的人感受更多的快乐，这样的女人也更容易令人接近。例如，跟好友谈论一些近期的电视电影、流行时装、美容美发、休闲娱乐、旅游观光、风土人情、名人轶事、烹饪小吃等等。时尚是女人永恒的话题。

谈自己擅长的主题要因人而异。例如，与医生交谈，宜谈健身祛病；与学者交谈，宜谈治学之道；与作家交谈，宜谈文学创作，等等。它适用于各种交谈，但忌讳以己之长对人之短。卖弄学问、故作风雅，都是令人反感的。

2.面对冷场适时转变话题，让交谈氛围活跃起来

谈话的内容狭隘令人讨厌，围绕着一个主题打转，说话的内容就会受到局限，给人彼此没有话说的感觉，而且让人感到没有乐趣可言，谈话气氛也很容易沉闷。在交际活动中，女人要注意根据不同的场合，依靠自己的灵感创造出更多的让人快乐和切合心意的话题，整个沟通效果就能够大大改观了。

一对新人在一家大饭店举行婚礼，正赶上大雨下个不停，新人和客人们觉得很懊丧，婚礼气氛有点不愉快。

这时餐厅领班来到新人和诸位客人面前，微笑着高声说："老天爷作美，赶来凑热闹，这是入春以来的第一场好雨。好雨兆丰年，这象征着这对新人的未来是十分幸福的。雨过天晴是艳阳天，这说明今天在座的所有客人都将迎来更加灿烂的明天，我提议，为了创造和迎接雨过天晴的明天，大家干杯！"话音一落，整个餐厅的气氛发生了一个大转弯，沉闷的婚礼场面一下子活跃起来。

3.女人要有会圆场的应变能力，将话题转向好的一面

一个会说话的女人需要随时地注意对方的变化，观察对方的表情，掌握听众的情绪，并要根据听众的反馈及时调整谈话内容和角度，加进一些听众感兴趣的内容，这没有较强的应变能力是做不到的。此外，当谈话场面出现纷争、尴尬或冷场时，女人要适宜地圆场，将话题重新拉入愉快中，使谈话氛围和谐美好。

4.女人要想讨人喜欢，就要避免以下话题

女人不要探听或散播他人隐私，也不要轻易将个人隐私告诉别人。每个人都有不希望他人了解之事。在交谈中，若双方是初交，则有关对方年龄、收入、婚恋、家庭、健康、经历这一类涉及个人隐私的主题，切勿加以谈论。

取笑、捉弄、鄙视对方的语言是最不受欢迎的行为。在交谈中，女人要注意不要带有尖酸刻薄的语气，油腔滑调，乱开玩笑，口出无忌，也应当避免。挖苦对方所短，调侃取笑对方，成心要让对方出丑，或是下不了台，都会伤害对方。

闲言碎语的非议、传播谣言、背后评论别人的女人很难有好人缘。非议旁人，是缺乏教养。

不谈令人伤感、反感的话题，不向别人诉苦、抱怨。脆弱的女人再感到伤感，也不要泄愤、抱怨，这些对方并不感兴趣的话题最好避免。

失意的事情最好不提，以免让对方觉得沉闷和无聊，影响对方的情绪。千万不要逢人就开始倾倒自己心中的垃圾，这样不仅无法引起对方的共鸣，还会徒增对方的反感。

交谈中适当伴以幽默、风趣的话题，可以缩短彼此间的心理距离，增添谈话的生动性与趣味性，使交谈时时处在和谐轻松、友好的气氛中。

做一个乐于倾听的知音

每一个人都渴望被倾听，当一个人在侃侃而谈时，会希望对方专心致志地聆听。因此，学会倾听，做一个乐于倾听的知音，不仅是一种与人交往中的文明礼貌行为，也是表达对他人的欣赏和尊重。倾听能够帮助他人建立自信心，同时也有助于获取他人对自己的信赖，赢得友谊。

如果你希望成为一个善于与人沟通的高手，那你就得先做一个注意倾听的人。要使别人对你感兴趣，那就先对别人感兴趣。学会倾听，你的魅力会在他人面前迅速倍增。

倾听别人说话是与人有效沟通的第一个技巧。要想做一个让人信赖的人，这是个最简单的方法。最成功的处世高手，通常也是最佳的倾听者。

许多人之所以不能给人留下良好的印象，就是因为不注意听别人讲话。戴尔·卡耐基曾举过一例：在一个宴会上，他坐在一位植物学家身旁，专注地听着植物学家跟他谈论各种有关植物的趣事，几乎没有说什么话，但分手时那位植物学家却对别人说，卡耐基先生是一个最有发展前途的谈话家，此人会大有作为的。因此，学会倾听，意味着你已踏上了成功之路。

聪明的女人是一个会倾听的女人，善于倾听，就会让你处处受到欢迎。

1.倾听在人际交往中的作用

倾听可以使说话者感到被尊重。专心地听别人讲话，是给予别人的最大赞美。不管对象是谁，上司、下属、亲人或者朋友，倾听都有同样的功效。如果有人愿意听你谈论自己，就会有被重视的感觉。

倾听可以缓和紧张关系，解决冲突，增加沟通，增进人与人之间的相互理解，避免一些不必要的纠纷。有的人很可能正处于一种情绪冲动、愤怒的状态，但因为耐心地倾听了别人的劝导而平息了怒气。也有的时候，在一个认真的倾听者面前，本来怒气冲冲的人会不知不觉地变得温和起来，因为在没有人与之争辩和冲突的情况下，愤怒的情绪会慢慢地降低甚至消失。这也是倾听者的力量。

倾听可以解除他人的压力。把心中的烦恼向别人诉说能减缓自己的心理压力，因此，当你有了心理负担和心理疾病的时候，去找一个友善的、具有同情心的倾听者是一个很好的解脱办法。

通过倾听可以捕捉有效的信息。人们在交谈中有很多有价值的消息，虽然有时常常是说话人一时的灵感，对听者来说却大有启发。一个随时都在认真倾听他人讲话的人，在与别人的闲谈中就可能捕捉到有益的信息。

2.熟练掌握倾听的技巧

良好的精神状态是倾听的重要前提，如果三心二意或者萎靡不振，是不会取得良好的倾听效果的。倾听者一定要集中精力，认真地倾听，把握谈话的重点，才能帮助谈话者分析和解决问题。倾听时眼睛应看着对方，与谈话的内容表示呼应。另外，倾听时还要动用大脑，边听边思考，才能够记住对方所说的话，如果听了半天大脑一片空白，或不知所云，那么倾听就没有起到作用。

热诚地倾听与口头敷衍有很大区别，它是一种积极的态度，传达给他人的是一种肯定、信任、关心乃至鼓励的信息。

及时用动作和表情给予呼应。作为一种信息反馈，沟通者可以使用各种对方能理解的动作与表情，表示自己的理解，传达自己的感情以及对于谈话的兴趣。如微笑、皱眉、迷惑不解等表情，给讲话人提供相关的反馈信息，以利于其及时调整。

当别人在说话时，常常地点点头给予肯定。适当时刻可以补充几句话，表明你对对方谈话内容的理解。

在倾听中还可以适时适度地提问。沟通的目的是为了获得信息，通过提问可获得信息，同时也从对方回答的内容、方式、态度、情绪等其他方面获得信息。因此，适时适度地提出问题是一种倾听的方法，能够给讲话者以鼓励，有助于双方的沟通。

要有耐心，切忌随便打断别人讲话。有些人话很多，或者语言表达有些零散甚至混乱，这时就要耐心地听完他的叙述。即使听到你不能接受的观点，也要耐心地听完。

当别人流畅地谈话时，随便插话打岔，改变说话人的思路和话题，或者任意发表评论，都被认为是一种没有教养或不礼貌的行为。

3.必要的沉默是人际交往中的一种手段

在言谈中适当地运用沉默可以达到"无声胜有声"的效果。但沉默一定要运用得体，不可不分场合，故作高深而滥用沉默。而且沉默一定要与语言相辅相成，才能获得最佳效果。

办公室内不可不知的谈话技巧

办公室的许多矛盾都是由口舌之争引起的，办公室女性要想维护自己的形象，保持良好的人际关系，就要学会怎样在办公室谈话。

不要轻易发号施令

在白领一族的聊天中，我们常会听到诸如"母老虎""黄脸婆"之类的比喻。其实"母老虎"也好，"黄脸婆"也罢，她们并非缺乏温柔与魅力，最让人窒息的是她们那种盛气凌人、发号施令的神态。

曾有一位总裁秘书这样评价他的老板："三年来，我从没听到过他给什么人下达过命令。他总是提出自己的建议，而不是命令。比如，他通常会说'你可以看看这个'，或'你是否想过，这样做结果会更好些呢？'"

类似的态度能帮助人改正自己的错误。这种方法不伤害他人的自尊心，不埋没他人的优点。它让人乐意接近你，而不是和你敌对。

所以，作为办公室一员，应时刻注意你说话时的语气与神态。用提问题的方式代替命令，这样会有意想不到的效果。

不轻易打断别人的发言

大多数人为使他人接受自己的观点，总爱侃侃而谈。商品推销员更是如此。应该给别人把话说完的机会，因为他对自己的事情和自己的问题比你知道得更清楚，所以最好是向他提些问题，让他告诉你他认为什么是正确的。

如果你因不赞同他的意见而打断他的话，那是不对的，请不要这么做。在他言之未尽的时候，他会对你置之不理，因此，请你静心地听他把话说完并尽量加以理解。

所以，你如果想要人们依照你的观点办事，请给他人多说话的机会，自己尽量少说。

办公室内部还有个问题经常困扰大家，那就是如何拒绝别人。个性随和的你往往不知道怎样拒绝同事，虽然也想大声地说"不"，可始终找不到说"不"的勇气。那么，怎样很技巧而又不得罪他人地说"不"呢？

用肯定方式说"不"

比如你明了地向他表示自己目前的工作很忙，或者告诉他，你不熟悉这方面的业务，怕添倒忙等，都是可以拒绝的"正当'理由。如果你拒绝了别人第一次，他再次找你做事的时候，就会再三斟酌。

巧用借口

如果你实在不能说"不"，就告诉他，不巧正要处理一件事情，如果他愿意等待的话，你做完自己的工作以后才可以帮他做。

坚持立场，别太在意"面子"

很多时候，不是你不想说"不'，而是对方过于死缠烂打，花言巧语，而你又拉不下面子。这时候，最好的方法就是，你更加亲切、友好地拒绝他的要求。

运用你的幽默

"哇,老兄,上次的小费还没给呢。不如以后你的薪水我也帮你领?"让他感觉到自己要求的无理。

避免承担你不能直接控制的工作

如果项目中的主要或关键人员不是你,而且你并未得到足够的授权,就不必自告奋勇地站出来。同事间的相互帮助不是用这种方式表现的,把有限的精力投入到那些能真正给你事业带来发展机会的工作中吧。

希望以上建议可以让你合理地处理与同事之间的关系,该拒绝时就拒绝,把时间集中起来用在自己分内的工作上。

除了拒绝同事,有的时候你可能还要拒绝老板。拒绝老板不但需要技巧,而且需要区分老板的类型。只有这样,才能做到有的放矢,既能达到拒绝的目的,也不伤害彼此之间的关系。

老板让你发表不同的意见时,你敢吗?其实,在这个时候,你最好能够表明自己的真实想法,因为百依百顺、没有主见的员工不见得会受欢迎。有些老板就比较尊重那些直抒己见的人,因为这些意见可以帮助他们及时发现问题和修正错误。

当然,表达方式尽可能"柔和"是很必要的,尤其是持不同意见时,要给老板和自己都留有余地。

性格豪爽,但嘴巴不能豪爽

真诚直率是一种优点,这本无可厚非。但是,如果你把任何场合下的直言快语都当成优点来坚持的话，那就大错特错了。其实，任何人在内心深处，都张着自尊的网。说话太过直白的人只注重自己的一时感受，无视对方感情的动态，只是一味地发表自己的意见，一吐为快。或许你是无意的，但是很可能会弄破对方心中的那张"网"，伤害到他最柔软的地方。这样的女人自然不受欢迎。所以，无论于人于己，都应当适当收敛起你的"真诚"。

徐诺是一家公司的中级职员，她心地好是大家公认的，可是一直升不了职，和她同年龄、同时进公司的同事不是外调独当一面，就是成了她的顶头上司。另外，别人虽然都称赞她"人好"，但她的朋友却并不多，不但下了班没有"应酬"，在公司里也常独来独往，好像不太受欢迎的样子……

其实徐诺的问题就出于她说话太直了，总是直言直语，不加任何掩饰，于是直接或间接地影响了她的人际关系。

有一次，徐诺的上司午休回来晚了，而且满脸通红，显然是刚喝了酒。上司一走进公司就直奔自己的办公室，很明显是不想让人知道自己喝了酒。但徐诺偏偏不识相地打了声招呼："经理回来啦，喝多了吧？"一语毕，整个办公室气氛异常尴尬，上司也只得苦笑着离开。

类似的事情经常在徐诺的身上发生。又一次，一位女同事带着一个很漂亮的名牌皮包来上班，同事们都争相试背。徐诺看了一眼却说："很明显是水货，也就你才看不出来是假的。"其实，大家早都知道是仿品，只是觉得没有必要说破，而徐诺却毫不掩饰地道出实情。像徐诺这样什么事情都直来直去的女人，又怎么会有好人缘呢。

言语可以是糖，客客气气的让人听了心里甜丝丝的；言语又可能变成一把刀，刺得人心里流血。说话含蓄的女孩会让人对其心生好感，而直言直语的女人则会让人厌恶反感，甚至心生报复之念。

含蓄的表达更受欢迎

女孩在与人沟通时，切忌直来直去，要注意语气含蓄。同样的内容和事实，含蓄的语言往往比直言更易于让人接受，含蓄的女孩也更受大家欢迎。

有人说话直爽是出于习惯，其实，要改掉这个习惯并不难。

首先，在打算开口之前，不妨先问问自己，你对对方是充满敌意的吗？他对你有深刻成见吗？你的直言直语是出于发泄的愉快吗？如果是，那么你就太自私了。为了不造成"众叛亲离"的后果，请收敛你的自私。同样，如果你是出于一种心境和本能，那么，可以试着养成这样一个习惯——说话之前，停顿五秒再开口。在这五秒钟的停顿里，思考一下什么话该说以及怎样说的问题。

其次，你要意识到有什么说什么可能导致的后果。一般喜欢直言直语的女孩说话时常只看到表面现象或问题，也常只考虑到自己的"不吐不快"，而不去考虑旁人的立场、观念、性格。她的话有可能是随口一说，也有可能鞭辟入里。对方明知前者是"无心"，所以就不好发作，只能闷在心里；后者则因为直指核心，让当事人不得不激活自卫系统，要么奋起反击，要么怀恨在心。所以，直言直语不论是对人或对事，都会让人受不了。这样就会使你的人际关系出现阻碍，别人就会离你远远的，免得一不小心就要承受你的打击。

最后，要分析你直言直语的原因以及带来的后果。喜欢"直言直语"的女人一般都具有"正义倾向"的性格，言语的爆发力及杀伤力也很强。所以，有时候这种人会变成别人利用的对象，鼓动你去揭发某事的不法，去攻击某人的不公。不管成效如何，这些女人总会成为牺牲品：成效好，鼓动的人坐享战果，你分享不到多少；成效不好，你必成为别人的眼中钉，成了别人的替罪羊。

认识清楚了这两点之后，大概你就不会再有什么说什么了。这样既不利己又不招人喜欢的事情何必去做？

虽说"忠言逆耳利于行"，但不是每个人都能坦然接受你的直言不讳。其实，几乎每个人都有一个内心堡垒，需要将真正的自我隐藏在里面才会觉得安全。你的直言直语恰好把这堡垒攻破了，把藏在里边的人生生地揪了出来，赤裸裸地暴露出来当然会让人觉得不爽，他怎么能对你产生好感呢？

因此，在与人交往的过程中，要切记言多必失。尽量能不开口就不要开口；必须开口的时候一定要做到语言婉转、点到为止，才能成为一个讨人喜欢的女人。

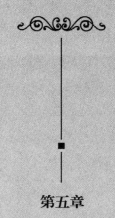

第五章

举止恰到好处，商务洽谈更顺利

　　没有任何一位商务人士能避得开洽谈。在商务洽谈中，你可能是组织者、主持人、发言人、参会者，这些角色可以让你尽情挥洒职场女王与众不同的气质和风度。努力摆脱那些不正确的、消极的交际礼仪，让积极、得体的形体语言和处事风格，显示出你的专业和自信，为你赢得应有的尊重与信赖。

商务洽谈中的介绍与称谓

在与客户的交往中，第一印象的好坏往往决定客户对自己的判断，而介绍是商务应酬中相互熟识的最常见的方式。如何才能给对方留下好的印象？这就需要我们掌握介绍的相关礼仪。

1. 自我介绍

顾名思义，自我介绍就是把自己介绍给别人。在商务应酬的场合，我们想要结识一个人，或者当你随着朋友来到一个陌生人身边，可是你的朋友却没有介绍你的时候，就需要自我介绍了。

自我介绍一般的方法是首先主动和对方握手，然后说出你的名字："你好，我是王辰。我在双飞计算机公司工作……"一般来说，自我介绍要包括打招呼，说出你的名字和你的工作。

自我介绍的方式要根据场合而改变。比如说你去参加一个宴会却迟到了，这时候你就要主动到主人面前道歉，然后再作自我介绍。

如果你并不认识对方但是又想结识对方，这个时候你可以说："您好，请问您是哪位？"等到对方介绍完自己，然后再作自我介绍。自我介绍的时候注意声音要清晰，要让对方听清楚，态度不可忸怩。

自我介绍最重要的一点是要注意分寸。不可喋喋不休长篇大论，也不要过多地提到你的职位和财务情况，这样让人厌烦。除此之外，自我介绍不要过分热情，否则会让人感到你是要推销什么。

2. 给他人介绍

为他人介绍要注意很多问题，首先要了解双方的背景。在了解双方的背景的情况下，简短地说明一下双方的情况。包括双方的姓名、职业等。最好可以找出双方的共同点，比如两人共同的爱好，或者来自同一个地方等，都可以让两个人尽快熟悉起来。当两个人交谈开来，你就可以离开了。记住介绍别人的时候不要过多地牵涉到自己，提到自己的地位、身份等都是不礼貌的。比如说，你介绍一个人，说他在你手下工作，这就暗示了你的地位，容易让人产生抵触情绪。

需要注意的是，不要过多评价一个人，特别是你拿不准的时候，否则当这个朋友出现了问题，就是需要你承担责任的时候了。但是真诚的称赞可以对对方产生很大的影响，令双方尽快熟悉。比如说："幸亏王辰，我们的工作才会完成的这么顺利。"令被介绍的一方很容易给人留下良好的印象。

3. 介绍的顺序

介绍他人的时候要注意介绍的顺序。一般来说，国际上公认的顺序是：第一，将男性介绍给女性；第二，将年轻者介绍给年长者；第三，将职位低的人介绍给职位高的人；第四，将客人介绍给主人；第五，将晚到者介绍给早到者。如果被介绍的客人同时具备以上五个原则中两个以上的原则的时候，我们应该按照后一个原则来介绍。例如，当一个晚到的女客人遇到一个早到的男客人的时候，你就需要把晚到的女客人介绍给男客人；当一个年轻的女子遇到一个年长的男子的时候，就要把女子介绍给长者。

但是，介绍的顺序应该注意场合。如果是严肃的工作场合，就要按照职位的高低来判断，把职位低的人介绍给职位高的人。而对于公司的客户，你要注意，客户永远都是上帝，就算是一个公司的总裁面对一个普通的客人，你也要把总裁介绍给客人。

为他人作介绍的时候，要注意自己的肢体动作，你要站在要介绍的二人之间，向哪个人作介绍的时候面孔和身体都要微微倾向于那个人。然后把手指向要介绍的人，一边指一边说你要介绍的内容。此时需要注意的问题是千万不要用一根手指来指向某人，因为这是一种十分不礼貌的行为。

4. 对介绍的反应

当别人把一个人介绍给你的时候，你要注意自己的反应。你要微笑着注视对方的眼睛，然后伸出你的手。同时，可以说："你好，很高兴认识你。"或者还可以加上一两句表示友好的话。注意你此时的态度，一定要认真、友好，不能东张西望、心不在焉。此时的走神对对方来说是一种侮辱和忽视，是一种对他人不尊重的行为，会让对方对你产生十分强烈的厌恶感。

如果别人介绍你的时候加上对你的夸奖，你要及时表示自己的谦逊，但是不可过分，和介绍人谦虚起来忽略了介绍的对象。

5.称谓

合宜的称呼不仅可以拉近两个交谈者的距离，而且可以体现一个人的教养和学识。而不合适的称呼却可以让对方反感甚至产生误会，导致交往的破裂。那么在称谓上我们要知道些什么呢？

在商务应酬中，一般人很容易忽视名字的重要性。大家很习惯接过对方的名片，看了对方的职务，看了对方的公司，就是没有注意对方的名字是什么。其实在人际交往中，记住一个人的名字是对他人最根本的尊重。

如何学习记住别人的名字？

（1）交谈中多重复。

（2）联想法。如"韩旭"联想成"含蓄"。

（3）让对方写出自己的名字。

（4）形象联系法。与对方的长相相联系。

法国皇帝，也是拿破仑的侄子——拿破仑三世得意地说，即使他日理万机，仍然能够记得每一个他所认识的人。他的技巧非常地简单。如果他没有清楚地听到对方的名字，就说："抱歉，我没有听清楚。"如果碰到一个不寻常的名字，他就说："怎么写法？"

在谈话当中，他会把那个人名字重复说几次，试着在心中把它跟那个人的特征、表情和容貌联想在一起。如果对方是个重要的人物，拿破仑三世就要更进一步。一等到他旁边没有人，他就把那个人的名字写在一张纸上，仔细看看，聚精会神地深深记在他心里，然后把那张纸撕掉。这样做，他对那个名字就不只是有耳朵的印象，还有眼睛的印象。

我们应该注意一个名字里所能包含的奇迹，并且要了解名字是完全属于与我们交往的这个人，没有人能够取代。名字能使人出众，它能使他在许多人中显得独立。我们所提的要求和我们要传递的信息，只要我们从名字这里着手，就会显得特别的重要。不管是女侍或总经理，在我们与别人交往时，名字会显示它神奇的作用。

因此，如果你要别人喜欢你，请记住这条规则：

"一个人的名字，对他来说，是任何语言中最甜蜜、最重要的声音。"

如何称呼他人？

常见称呼别人的方法分为以下几种：

（1）一般性的称呼。这是最常见的对普通公众的称呼，包括先生、小姐、太太、夫人、同志、同学，等等。其中，对未婚女士统称为"小姐"，已婚女子称为"夫人"或者"太太"。如果不能判断她的婚姻状况，可以全部称为"女士"。而在工作场合，"女士"这种称谓也是普遍使用的。

（2）姓名称呼。这种称呼一般是在关系比较亲密或者年龄职务相仿的人之间使用的。而对于自己的上级或者长辈，这种称呼十分不礼貌，不要随便使用。

（3）职务头衔称呼。如"王经理""李局长"等。

（4）亲属称呼。如"李叔叔""王爷爷"等。生活中用的比较多，不要带到工作中，给人带来不好的印象。

（5）职业称呼。如"陈老师""服务员"等。

在不同的国家和地区，称呼他人的方式有所不同。比如，在日本，妇女一般不称呼"小姐""女士"，反而会称呼"先生"。在很多国家包括英国，都可以在职务后面加上"阁下"的称呼，但是在美国、德国和墨西哥等国家却没有这种称呼，在国际应酬中应该注意这些区别。

你是对方理想中的拜访者吗

有效地拜访顾客，是营销迈向成功的第一步。只有在充分的准备下拜访顾客才能取得成功。上门拜访顾客尤其是第一次，难免相互存在一点儿戒心，不容易放松心情，因此销售人员要特别重视留给别人的第一印象，成功的拜访形象可以在成功之路上助你一臂之力。

张林是市外办的一名干事，有一次，领导让他负责与来本市参观访问的某国代表团进行联络。为了表示对对方的敬意，张林决定专程前去对方下榻的饭店拜访对方。

为了避免出现得仓促，他先用电话与对方约好了见面的时间，并且告之自己将停留的时间长度。随后，他对自己的仪容、仪表进行了修饰，并准备了一些本市的风光明信片作为礼物。

届时，张林如约而至。敲门后，他主动向对方问好并与对方握手，随后做了简要的自我介绍，并双手递上自己的名片与礼品。简单寒暄后，他直奔主题，表明自己的来意，详谈完后握手告辞。

像张林这样的做法是符合商务拜访的常规礼仪的，由此可见他训练有素的交际风采。

成功的拜访首先得益于良好的专业形象，它包括以下内容。

外部形象：服装、仪容、言谈举止乃至表情动作上都力求自然，就可以保持良好的形象。

控制情绪：不良的情绪是影响成功的大敌，我们要学会遥控自己的情绪。

投缘关系：清除顾客心理障碍，建立投缘关系就建立了一座可以和顾客沟通的桥梁。

诚恳态度："知之为知之，不知为不知。"这是古语告诉我们的做人的基本道理。

自信心理：信心来自于心理，只有做到"相信公司、相信产品、相信自己"才可以树立强大的自信心理。

面谈之前应该注意什么

与对方面谈之前，首要规则是准时。让别人无故干等无论如何都是严重失礼的事情。如果有紧急的事情，不得不晚，必须通知你要见的人。如果打不了电话，请别人为你打电话通知一下。如果遇到交通阻塞，应通知对方要晚一点到。如果是对方要晚点到，你将要先到，可以充分利用剩余的时间整理一下思路，耐心等对方到来。

当你到达时，告诉接待员或助理你的名字和约见的时间。冬天穿着外套的话，如果助理没有主动帮你脱下外套或告诉你外套可以放在哪里，你就要主动问一下。

在等待时要安静，不要通过谈话来消磨时间，这样会打扰别人工作。尽量不要来回紧盯着手表。如果你等不及，可以向你的助理解释一下并另约一个时间。不管你对要见的人有多么不满，也一定要对接待或助理有礼貌。

当你被引到约见者办公室时，如果是第一次见面，就要先递上名片，做个自我介绍；如果已经认识了，只要互相问候并握手就行了。在和客户面谈时，送给客户一张名片，不仅是很好的自我介绍，而且与客户建立了联系，既方便，又体面。名片除在面谈时使用外，还有其他一些妙用。例如，去拜访客户，对方不在，可将名片留下，对方回来看到名片，就知道自己来过了；还可以在名片上留言，向客户致意或预约拜访的时间；把注有时间、地点的名片装入信封发出，可以代替正规请帖，又比口头或电话邀请显得正式；向客户赠送一份礼物，如让人转交，则随带名片一张，附几句恭贺之辞，无形中关系又深了一层；熟悉的客户家中发生了事情，不便于当面致意，可寄名片一张，省时省事，又不失礼节。

对方如果不开口说让座不能随便坐下。如果对方不坐，自己不能先坐。对方让座之后，要口称"谢谢"，然后采用规矩的礼仪坐姿坐下。对方递上烟茶要双手接过并表示谢意。如果对方没有吸烟的习惯，要克制自己的烟瘾，尽量不吸，以示对对方习惯的尊重。对方献上果品，要等对方动手后，自己再取用。即使在最熟悉的客户家里，也不要过于随便。

在握手中彰显你的优雅风范

握手礼是目前世界上许多国家通行的礼节，也是人们日常交际的基本礼节。握手是社交活动中一个神秘的使者。怎样才能做好关系到初步印象的第一步呢？

1.把握好握手的时间

握手的时间应长短适宜，一般以3~5秒为好。如初次见面，握手时间不宜过长。如果老朋友意外相见，握手时间可适当加长，以表示不期而遇的喜悦或真诚，甚至可以一边握手一边寒暄，但一般也不要超过20秒。男士与女士握手，时间不宜过长，拉住女士的手不放是很不礼貌的。

2.选好握手的场合

应该握手的场合，至少有以下几种：

（1）在你被介绍与人相识时；

（2）与友人久别重逢时；

（3）社交场合突遇熟人时；

（4）客人到来与送别时；

（5）拜托别人时；

（6）与客户交易成功时；

（7）别人为自己提供帮助时；

（8）向人表示祝贺、感激、鼓励时；

（9）劝慰友人时。

握手应本着"礼貌待人，自然得体"的原则，并灵活地掌握与运用握手礼的时机，以显示自己的修养与对对方的尊重。握手虽然简单，但握手动作的主动与被动、力量的大小、时间的长短、身体的姿势、面部的表情及视线的方向等，往往表现握手人对对方的不同礼遇和态度，也能窥测对方的心里奥秘，因而握手是大有讲究的。

3.掌握握手的力度

握手用力要均匀，不要死握住对方不放，让人有痛感，尤其对女性，不能让女性产生痛楚感。也不要松松垮垮，软绵无力，尤其是男性，握手如果无力，只轻轻碰一下，被认为是毫无诚意或拒人于千里之外。对于女性而言，握手可以松软些，不必太用力，而且，男人同女人握手，一般只轻握对方的手指部分。握姿要沉稳、热情、真诚。所谓轻重适宜，就是指握手时的力度能传递自己的热情但又不失于粗鲁。

4.了解握手的方式

握手需要用右手。握手时要注视对方，千万不要一面握手，一面斜视他处，或东张西望，这都是不尊重对方的表现。有时为了表示更多的敬意，握手时还要微微点头鞠躬。握手时要上下微摇，不是一握不动。男士之间可以握得较紧较久，以表示热烈。但要注意既不能握得太使劲，使人感到疼痛，也不能显得过于柔弱，不像个男子汉。对女士则只能轻握，也不宜握得太久不放，老朋友可以例外。

一般是站着握手，除因重病或其他原因不能站立者外，不要坐着与人握手。不过，如果两人都是坐着，可以微曲前身握手。

人多时，注意不要交叉式握手，可待别人握完再握。每逢热烈兴奋的气氛时有些人容易忽略这一点，要特别注意。到朋友家中，客人多，只需与主人及熟识的人握手，其余的人只需点头致意。但经过主人介绍的，就要逐一握手致意。

握手时要脱去手套，如因故来不及脱掉就握手，须向对方说明原因并表示歉意。

不过据欧美传统，穿大礼服、戴白羊皮手套者，因不易脱下，按习惯可以不脱手套握手，但须请求对方原谅。另外，据西方传统，地位高的男士和妇女也可以戴手套握手。

用右手握手后，左手也加握，也可说用双手握手，这是我国人民经常实行的礼节，以表示更加亲切，更加尊重对方。随着国际交往的扩大，来华访问的客人增多，这种礼节已为越来越多的外国朋友所熟悉，许多外国朋友也在采用，特别是在老朋友之间。但这种礼节，不必每次都用，男士对女宾则一般不用。

军人戴军帽与对方握手时，应先行举手礼，然后再握手。

握手除是见面的一种礼节外，还是一种祝贺、感谢或相互鼓励的表示。如对方取得某些成绩与进步时，对方赠送礼品时以及发放奖品、奖状、发表祝词讲话后等，均可以握手来表示祝贺、感谢、鼓励等。

5.怎样与尊贵者握手

与尊贵者握手，如老人、长辈或贵宾握手，不仅是为了问候和致意，还是一种对对方尊敬的表示。除双方注视，面带微笑外，还应注意以下几点：

（1）出手先后。在一般情况下，平辈、朋友或熟人先伸手为有礼，而对老人、长辈或贵宾时则应等对方先伸手，自己才可伸手去接握。否则，便会看做是不礼貌的表现。

（2）握手姿势。握手时，不能昂首挺胸，身体可稍微前倾，以示尊重，但也不能因对方是贵宾就显得胆小拘谨，只把手指轻轻接碰对方的手掌就算握手，也不能因感到"荣幸"而久握对方的手不放。

（3）与老人或贵宾握手。当老人或贵宾向你伸手时，应快步上前，用双手握住对方的手，这也是尊敬对方的表示。并应根据场合，边握手边打招呼问候，如说："您好""欢迎您""见到您很荣幸"等热情致意的话。

（4）与多人握手。遇到若干人在一起时，握手、致意的顺序是：先贵宾、老人，后同事、晚辈，先女后男。还必须注意，不要几个人竞相交叉握手，或在跨门槛甚至隔着门槛时握手，这些做法也是失礼的行为。

（5）注意双手卫生。在社交中，除注意个人仪容整洁大方外，还应注意双手的卫生，以不干净或者湿的手与人握手，是不礼貌的。如果老人、贵宾来到你面前，并主动伸出手来，而你此时正在洗东西、擦油污之物等，你可先点头致意，同时亮出双手，简单说明一下情况并表示歉意，以取得对方的谅解，同时赶紧洗好手，热情予以招待。

（6）与身份高的人相遇时。在外交场合，遇见身份高的领导人，应有礼貌地点头致意或表示欢迎，但不要主动上前握手问候，只有在对方主动伸手时，才可上前握手问候。

6.礼貌地同女性握手

与女性握手，应等对方首先伸出手，男方只要轻轻的一握就可。如果对方不愿握手，也可微微欠身问好，或用点头、说客气话等代替握手。一个男子如主动伸手去和女子握手，则是不太适宜的。

与女性握手，最应掌握的是时间和力度。一般来说，握手要轻一些，短一些，也不应握着对方的手用劲摇晃。但是，如果用力过小，也会使对方感到你拘谨或虚伪敷衍。

按国际惯例，身穿军装的男子可以戴着手套与妇女握手，握手时先行举手礼，然后再握手，这是一种惯例。握手时，应微笑致意，不可目光看别处或与第三者谈话。握手后，不要当着对方的面擦手。

7.握手的避讳

（1）忌目光游移。握手时精神不集中，左顾右盼，心不在焉。

（2）忌交叉握手。当两人正握手时，跑上去与正握手的人相握，是失礼的。

（3）忌敷衍了事。握手时漫不经心地应付对方。

（4）忌该先伸手不伸手。

（5）忌出手时慢慢腾腾。对方伸出手后，自己出手要快，不应慢慢腾腾。

（6）忌握手时戴着手套或不戴手套与人握手后用手巾擦手。

拜访中一言一行都要注意

一个举止得体、行为优雅的人不仅代表公司的形象，也是自身良好素质的体现。一个行为举止文明、严谨、做事干练的办事人员，也会深得对方的喜欢。一个人的行为习惯往往在给人的第一印象中就能反映出来，因此，在与对方进行初次接触时就应注意行为习惯上的礼节。下面是你在拜访客户时应注意的细节：

1.谈吐要大方

态度诚恳热情，表达自然亲切，措辞准确得体，语言文雅谦恭，不含糊其辞、吞吞吐吐，不信口开河、出言不逊，这些都是交谈的基本原则与礼节。首先说话的声音要适当。交谈时，音调要明朗，咬字要清晰，语言要有力，频率不要太快。如果觉得自己的声音不好听，最好每天花5分钟时间来练习发音，不间断地练习一个月，就会有很大改善。与对方交谈要尽量使用普通话。与对方交谈时，应双目注视对方，不可东张西望。说话时可适当做些手势，但不要手舞足蹈，不能用手指人，更不能拉拉扯扯、拍拍打打。与对方保持适当距离，讲话时不要唾沫四溅。交谈中要给对方说话的机会。在对方说话时，不要轻易打断或插话，应让对方把话说完。如果要打断对方讲话，应先用商量的口气问一声："请等一下，我可以插一句话吗？""我提个问题好吗？"这样可避免对方产生你轻视他或不耐烦你的讲话等不必要的误解，如对方谈到一些不便谈论的问题，可以转移话题，不要轻易表态。

谈话要注意他人的禁忌。与对方交谈，一般不要涉及疾病和死亡等不愉快的事情。不要直接询问对方工资、家庭财产等生活情况，这容易使对方反感。对方若犯过错误或有某种生理缺陷，言谈中要特别注意避免损伤对方自尊心的话语。对方不愿谈的话题，不要穷根究底，引起对方反感的话题应表示歉意，或转移话题。谈话对象超过三人时，应不时与在场其他人攀谈几句，不要只把注意力集中到一两个人身上，以免其他人产生冷落感。习惯性的口头禅会使对方产生反感，交谈中要注意避免。交谈要口语化，这会使客户感到自然亲切。

2.举止要得当

销售人员到客户办公室或家中，进门时要按门铃或轻声敲门。按铃或敲门的时间不可过长，无人或未经主人允许，不要擅自进入室内。见到对方时，如非事先约定，应向对方表示歉意，然后再说明来意。进入对方办公室或家中，应主动向在场的人表示问候或点头示意。在对方家中，未经邀请，不能参观住房，即使熟悉的人，也不要随意翻动室内的书籍、花草、陈设及其他物品。和对方在一起，不要乱丢果皮纸屑，注意保持地毯、地板的清洁；千万不能随地吐痰；吸烟要把烟灰弹入烟灰缸；不用脚蹬踏桌椅沙发；雪雨天进入室内，注意擦鞋底，防止将雨水、雪水、泥巴带入室内。

3.其他事项

此外，还有一些行为礼仪，如握手、问候等，都需要拜访者一步一步地去练习。在与对方握手时，不要久握不放，也不要握得过紧，更要避免的是一边握手一边谈论业务，或者握手时目光移到别处，这都是不尊重对方的表现。

谈话结束起身告辞时，要向主人表示"打扰"之歉意。出门后，回身主动伸手与主人握别，说："请留步。"待主人留步后，走几步，再回首挥手致意："再见。"

如果你希望自己给对方留下美好的形象，就应该经常注意这些细节，尽量避免举止失当。

高效商务谈判的七个原则

交谈是商务谈判的中心活动。而在圆满的交谈活动中，遵守交谈礼仪具有十分重要的作用。

1.尊重对方，谅解对方

在交谈活动中，只有尊重对方，理解对方，才能赢得对方感情上的接近，从而获得对方的尊重和信任。因此，谈判人员在交谈之前，应当调查研究对方的心理状态，考虑和选择令对方容易接受的方法和态度，了解对方讲话的习惯、文化程度、生活阅历等因素对谈判可能造成的种种影响，做到多手准备，有的放矢。交谈时应当意识到，说和听是相互的、平等的，双方发言时都要掌握各自所占有的时间，不能出现一方独霸的局面。

2.与他人保持适当距离

说话通常是为了与别人沟通思想，要达到这一目的，首先必须注意说话的内容，其次必须注意说话时声音的轻重，使对话者能够听明白。这样在说话时必须注意保持与对话者的距离。另外还存在一个怎样才更合乎礼貌的问题。从礼仪上说，说话时与对方离得过远，会使对方误认为你不愿向他表示友好和亲近，这显然是失礼的。然而，如果在较近的距离和人交谈，稍有不慎就会把唾沫溅在别人脸上，这是最令人讨厌的。有些人有凑近和别人交谈的习惯，要知道别人顾忌被自己的唾沫溅到，于是先知趣地用手掩住自己的口。这样做形同"交头接耳"，样子难看也不够大方。因此，从礼仪角度来讲一般保持一两个人的距离最为适合。这样做，既让对方感到有种亲切的气氛，同时又保持一定的"社交距离"，在常人的主观感受上，这也是最舒服的。

3.恰当地称呼他人

无论是新老朋友，一见面就得称呼对方。每个人都希望得到他人的尊重，人们比较看重自己业已取得的地位。对有头衔的人称呼他的头衔，就是对他莫大的尊重。直呼其名仅适用于关系密切的人之间。你若与有头衔的人关系非同一般，直呼其名来得更亲切，若是在公众和社交场合，你还是称呼他的头衔会更得体。对于知识界人士，可以直接称呼其职称。但是，对于学位，除了博士外，其他学位，就不能作为称谓来用。

4.及时肯定对方

在谈判过程中，当双方的观点出现类似或基本一致的情况时，谈判者应当迅速抓住时机，用溢美的言辞，客观肯定这些共同点。赞同、肯定的语言在交谈中常常会产生异乎寻常的积极作用。当交谈一方适时中肯地确认另一方的观点之后，会使整个交谈气氛变得活跃、和谐起来，陌生的双方从众多差异中开始产生了一致感，进而十分微妙地将心理距离拉近。当对方赞同或肯定己方的意见和观点时，己方应以动作、语言进行反馈交流。这种有来有往的双向交流，易于双方谈判人员感情融洽，从而为达成一致协议奠定良好基础。

5.态度和气，语言得体

交谈时要自然，要充满自信。态度要和气，语言表达要得体。手势不要过多，谈话距离要适当，内容一般不要涉及令人不愉快的事情。

6.注意语速、语调和音量

在交谈中语速、语调和音量对意思的表达有比较大的影响。

交谈中陈述意见要尽量做到平稳中速。在特定的场合下，可以通过改变语速来引起对方的注意，加强表达的效果。一般问题的阐述应使用正常的语调，保持能让对方清晰听见而不引起反感的高低适中的音量。

7.使用敬语、谦语、雅语

敬语，亦称"敬辞"，它与"谦语"相对，是表示尊敬礼貌的词语。除了礼貌上的必须之外，能多使用敬语，还可体现一个人的文化修养。

敬语的运用场合：

第一，比较正规的社交场合；

第二，与师长或身份、地位较高的人的交谈；

第三，与人初次打交道或会见不太熟悉的人；

第四，会议、谈判等公务场合等。

我们日常使用的"请"字，第二人称中的"您"字，代词"阁下""尊夫人""贵方"等，另外还有一些常用的词语用法，如初次见面称"久仰"，很久不见称"久违"，请人批评称"指教"，请人原谅称"包涵"，麻烦别人称"打扰"，托人办事称"拜托"，赞人见解称"高见"，都是常用的敬语。

谦语，亦称"谦辞"，它是与"敬语"相对，是向人表示谦恭和自谦的一种词语。

谦语最通常的用法是在别人面前谦称自己和自己的亲属，如称自己为"愚"，称家人用"家严、家慈、家兄、家嫂"等。自谦和敬人，是一个不可分割的统一体。尽管日常生活中谦语使用不多，但其精神无处不在。只要你在日常用语中表现出你的谦虚和恳切，人们自然会尊重你。

雅语，是指一些比较文雅的词语。雅语常常在一些正规的场合以及一些有长辈和女性在场的情况下，被用来替代那些比较随便，甚至粗俗的话语。多使用雅语，能体现出一个人的文化素养以及尊重他人的个人素质。在待人接物中，要是你正在招待客人，在端茶时，你应该说："请用茶。"如果还用点心招待，可以用"请用一些茶点"。假如你先于别人结束用餐，应该向其他人打招呼说："请大家慢用。"雅语的使用不是机械的、固定的。只要你的言谈举止彬彬有礼，人们就会对你的个人修养留下较深的印象。只要大家注意使用雅语，必然会对形成文明、高尚的社会风气大有益处，并对我国整体民族素质的提高有所帮助。

营造成功谈判气氛的艺术

一个成功的谈判会引领重要合作的顺利开始，要想成功地进行谈判，掌握如何创造良好的会谈气氛是十分必要的。

首先，抓住会谈开始的前奏，营造一个有利于自己的氛围。良好的开端是成功的一半。双方人员见面之初，免不得要互相介绍、寒暄。这时，就应抓紧时机，对会谈气氛施加影响，同时谈判人员应特别注意礼仪修养，态度应热情诚恳，以便先入为主，消除距离感。一般以中性话题作为开场白，设法引起对方的共鸣，使双方在感情上接近许多，然后再进入正题就比较自然了。但应注意开场白的时间不宜过长，应控制在谈判时间的5%之内。

其次，双方谈判要体现出真诚的合作态度，尊重对方，双方争取在一个友好、平等的位置上展开谈判。任何性质的谈判，最终目的都是想取得符合双方利益的积极成果。因此，谈判过程中，谈判人员要做到以下几点：

第一，要诚恳、积极地沟通，使人感到有诚意。

第二，尽量适应对方需要，满足对方的合理要求，求得双方的共同利益，避免正面冲突，巩固已形成的良好气氛。

第三，要简单明了地发表意见，切忌长篇大论，滔滔不绝。盛气凌人的讲话态度很容易引起对方的反感，不利于谈判的发展，甚至会陷入僵局。注意倾听对方发言，不要随意打断别人谈话，更不能不等对方讲完话就批驳，待对方发表完意见后，再阐述自己的见解。

谈判中要有礼有利地让步

谈判是双方不断地让步最终达到价值交换的一个过程，也许一个小小的让步会涉及整个战略布局。但是让步也要遵守原则，草率让步和寸土不让都是不可取的。

1.不草率让步

谈判就是谈判，在工作之外你可以和对方促膝谈心，成为莫逆之交，但在谈判桌前就要针锋相对，要清楚你代表的是企业行为而决非个体，你的一个轻易让步可能会使企业利润降低或者亏损，减少市场的投入甚至影响到员工的收入都说不定，也许没有人认为自己的行为会有如此的后果，但如果每一名谈判者都抱着如此的心态，那么再优秀的企业也会垮台破产。

因性格而改变谈判结果的例子比比皆是，性格软弱的谈判者更容易做出让步，买家很愿意和这类谈判者共事，他们总会提出一些难以接受的要求，随后不断地施加压力，迫使谈判者一次又一次地接受。只要把握正常的心态、强化谈判的决心，你就不会轻易地让步，即使你处于弱势。

谈判总需要有一方做出让步，否则谈判将无法进行下去。这种理念听起来确实不错，但问题是为什么一定是你先让步呢？你的让步或许使对方认为你在表示诚意，但老谋深算的对手决不会这么看，他们不会被你的诚意所感动，相反，他们会认为你软弱可欺，谈判的态度会越发强硬起来，会变本加厉来迫使你再次让步。

不要以为你善意的让步会感动对方，使谈判变得简单而有效，这只是一厢情愿的想法，事实上恰恰相反，在你没有任何要求的让步下，对方会更加有恃无恐、"据理力争"，并且还会暗示你做出更大的让步，想以让步来换取对方的同情是绝不可行的。

也许你经历过这样的情景。你千辛万苦开发了一个重要客户，对方虽然认可了你的产品，但始终不同意接受产品的价格，你当然不能让煮熟的鸭子飞了，无奈之下做出了价格让步，但你有言在先，下次订货时要按标准价格执行，对方满口答应。好容易盼到他们再次要货了，出乎你的预料，他们不但不认可标准价格，还威胁你如果不给予相当的折扣，他们会与其他的供应商合作，而且永远不再和你来往了。所以，当对方要求你让步时，应该索要一些回报，否则绝不可让步。

2.让步遵循的原则

谨慎让步，要让对方意识到你的每一次让步都是艰难的，使对方充满期待，每次让步的幅度不能过大。

尽量迫使对方在关键问题上先行让步，己方则在对手的强烈要求下，在次要方面或者较小的问题上让步。

不做无谓的让步，每次让步都需要对方用一定的条件交换。

了解对手的真实状况，在对方急需的条件上坚守阵地。

事前做好让步的计划，所有的让步应该是有序的，将具有实际价值和没有实际价值的条件区分开来，在不同的阶段和条件下使用。

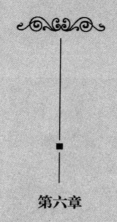

第六章

女人优雅的餐桌礼仪，引爆机会和生意

　　宴会应酬作为现代商务应酬的重要场合之一，有着特定的礼仪规范与行为标准，在每一个不同的场合需要遵守不同的礼仪规范。

　　酒桌上的讲究，宴会饮酒礼仪，西餐宴会礼仪，酒桌上的规矩，酒桌交谈的宜忌，等等。举办酒局和赴酒局中的人，只有掌握了这些，才能灵活应对，潇洒酒局！

宴请中桌次与座位的讲究

在宴请中，桌次与座位是一个不可忽视的问题。按习惯，桌次的高低以离主桌位置远近而定，右高左低。桌数较多时，要摆桌次牌。宴会可用圆桌、方桌或长桌。一桌以上的宴会，桌子之间的距离要适中，各个座位之间的距离要相等。团体宴请中，宴桌排列一般以最前面的或居中的桌子为主桌。

餐桌的具体摆放还应视宴会厅的地形条件而定。各类宴会餐桌摆放与座位安排都要整齐统一，椅背达到纵横成行，台布折纹要向着一个方向，给人以整体美感。

礼宾次序是安排座位的主要依据。我国习惯按客人本身的职务排列，以便谈话，如夫人出席，通常把女方排在一起，即主宾坐在男主人右上方，其夫人坐在女主人右上方，两桌以上的宴会，其他各桌第一主人的位置一般与主人主桌上的位置相同，也可以面对主桌的位置为主位。

在具体安排座位时，还应考虑其他因素，如双方关系紧张的应尽量避免安排在一起，身份大体相同，或同一专业的可安排在一起。

总的来讲，座次是"尚左尊东""面朝大门为尊"。若是圆桌，则正对大门的为主客，主客左右手边的位置，则以离主客的距离来看，越靠近主客位置越尊，相同距离则左侧尊于右侧。若为八仙桌，如果有正对大门的座位，则正对大门一侧的右位为主客。如果不正对大门，则面东的一侧右席为首席。

如果为大宴，桌与桌之间的排列讲究首席居前居中，左边依次2、4、6席，右边为3、5、7席，根据主客身份、地位、亲疏分坐。

如果你是主人，你应该提前到达，然后在靠门位置等待，并为来宾引座。如果你是被邀请者，那么就应该听从东道主安排入座。

一般来说，如果你的老板出席的话，你应该将老板引至主座，请客户最高级别的坐在主座左侧位置。除非这次招待对象的领导级别非常高。

恰当的用餐桌次和座位的安排会显示你的地位，表达你的尊敬，将会为你的赴会和宴请增添礼仪之邦的风采，并取得特定的效果。

赴宴和入席之前如何准备

应邀参加宴会，要适当地妆扮自己，以示对主人以及参加宴会者的尊重。对于夫妻共同赴宴的情况，应该注意男女双方衣着的式样、颜色，尽量保持协调。这样会为主人的宴会增光添彩，既受到其他客人的欢迎，也会使主人内心欣喜。

决定接受邀请前去赴宴，要做的第一件事就是搞清楚宴请的时间和地点。从时间上讲，提前一二分钟、正点，或迟一二分钟到达是最为适宜的，过早或过晚都是失礼的。其二，对宴请的地点以及行车的路线事先应该做到心中有底，因为这是准时到达宴请场所的重要保证。再者，一定要对请柬上注有的桌次号码牢记在心，免得到宴请场所后东张西望，有失风度。如果有其他事情耽搁不能参加宴会，应事先向主人说明。如果参加宴会时不小心迟到了，应向主人致歉。

宴请开始，主人应在门口迎候来宾，有时还可由少数其他主要人员陪同主人列队欢迎客人。客人抵达后，宾主相互握手问候，随即由工作人员将客人引进休息厅。休息厅内安排有相应身份者接应客人，并以饮料待客。若无休息厅，可请客人直接进入宴会厅，但不入座。

主宾到达后，主人陪同主宾进入休息厅与其他客人见面。当主人陪同主宾进入宴会厅时，全体客人就座，宴会即可开始。

客人到了宴请场所，并找到了入座的桌次以后，要注意桌上的座位卡是否写着自己的名字，不可随意乱坐。只有确认自己的桌次、座位无误，而主人或主宾又已经入座的情况下，才可从椅子的左方入座。但是不同情况要不同对待，在主人没有到场的情况下，即使请柬上写着你的桌次和座号，也应以听主人招呼和安排为好；若没有安排座次，你可以与你的朋友和熟人坐在一起。就座时，要向其他客人表示礼让，不要旁若无人地就座。

就座后，要保持坐姿端正，不可用手托腮或将双臂肘放在桌上，也不要随意翻动菜单，摆弄餐具或餐巾，这些举动都会给人以迫不及待的坏印象，最好是将一双空手放在自己的大腿上。尽管脚是别人看不见的，但同样也应该守规矩，要平放在自己的座位下，把脚搁在椅档上或伸出去踢着别人会使旁人和自己都感到尴尬。就座后尽量不要与他人随便交谈，如要交谈声音不可太高。

有时，坐定以后，服务人员还会递上一方湿毛巾，此时应礼貌地接下来并轻轻擦拭自己的双手和嘴角，不可用它擦脸，更不能用它擦颈脖或手臂。

宴会一般来说都会有上菜的空隙时间，在这段时间里，通常主客之间常有简短的交谈。作为客人，要认真答对，不可一入座就只等进食，或玩弄敲打碗筷，或左顾右盼、东张西望，要保持优雅和稳重。

如果主人和主宾要发表讲话，一般安排在热菜之后，甜食之前进行。主人先讲。双方讲话有时也可安排在一入席时进行。吃水果后，主人与主宾离座，宴会即告结束。

西方习俗中客人抵达宴会厅时，有专人负责唱名。而在宴会上以女士为第一主人，人们入座、用餐、离席，均应以女主人的行动为准，不得抢先。

客人离去时，主人应送至门口，热情话别。在较正式场合时，门口列队欢迎客人的人们，此时还应列队于门口，与客人一一握手告别，表示欢送之意。

席间开宴要注意的礼仪

当主人示意用餐可以开始，便可将桌上的餐巾抖开，平摊在自己的双腿上。但要注意，中餐是将餐巾全部打开，西餐的午餐也是如此，而西餐的晚餐则是将餐巾打开到双折为止。将餐巾塞在颈脖里或系在腰带上的做法早已过时。拿餐巾来擦餐具或酒具的做法更是失礼的行为，因为这至少表明你对餐具的清洁持怀疑态度。假如中途需要离开一会时，可将餐巾稍微折一下放回到桌上，也有人将其放在椅子上。

1.开宴

按照主人安排的座次入席，不能乱坐座位。入座时，要和其他客人礼让，并从椅子左边入座。开宴之前，可与邻座交谈，不要摆弄碗筷、左顾右盼。等主人、同席年长者招呼以后，才能动筷。

2.进餐

总的来说，进餐时吃相要文雅，举止要得体，一般礼仪如下所述。

（1）用餐时须温文尔雅，从容安静，不能急躁。

（2）不要两眼盯着菜只顾吃，要照顾到别的客人，谦让一下，尤其要招呼两侧的女宾。

（3）与邻座交谈时，切忌一边嚼食物，一边与人含含糊糊地说话。

（4）必须小口进食，不要大口地塞，食物未咽下，不能再塞入口。

（5）闭嘴咀嚼，不要发出咀嚼声。

（6）汤、菜太热时，不要用嘴去吹，要等稍凉后再吃；喝汤时，也不要发出声音。

（7）吃进口的东西，不能吐出来，如遇烫的食物，可喝水或果汁冲凉。

（8）取菜舀汤，应使用公筷公匙。

（9）在餐桌上，手势、动作幅度不宜过大，更不能用餐具指点别人。

（10）自己手上持刀叉，或他人在咀嚼食物时，均应避免跟人说话或敬酒。

（11）好的吃相是食物就口，不可口就食物。食物带汁，不可匆忙送入口，否则汤汁滴在桌布上，极为不雅。

（12）切忌用手指剔牙，应用牙签，并以手或餐巾纸遮掩。

（13）若要咳嗽、打喷嚏，将头转向一边，用手帕遮捂口鼻。

（14）不要伸懒腰、打哈欠，毫无控制地打饱嗝。

（15）喝酒宜随意，敬酒应以礼到为止，切忌劝酒、猜拳、吆喝。

（16）如欲取用摆在同桌其他客人面前的调味品，应请邻座客人帮忙传递，不可伸手横越，长驱取物。

3.应付意外

进餐过程中有时会遇到一些意外事件，如何处理好这些意外才能不失礼仪呢？以下列举了一些常见的事件，供读者参考。

（1）自己的餐具掉在地上，可向服务员索取。

（2）不慎将酒、水、汤汁溅到其他客人衣服上，表示歉意即可，并递上手帕或餐巾。不必恐慌赔罪，反使对方难为情。

（3）失手打翻了酱碟，应向注意到你的人婉言致歉，不要大声嚷嚷，也不要没完没了地自责。

（4）席间一般关掉手机，或把手机调至震动。离席回电时，应向主人或左右的客人致歉，轻轻拉开座椅离去。

4.离席

等主人宣布宴会结束时，客人才能离席。客人应向主人道谢、告别，如"谢谢您的款待""您真是太好客了""菜肴丰盛极了"，并向其他客人告别。如果客人有事要提前离席，则应向主人及同席的客人致歉。

主人如何安排菜单

根据中国人的饮食习惯，与其说是"请吃饭"，还不如说成"请吃菜"。所以对菜单的安排是马虎不得的。它主要涉及点菜和准备开宴两方面的问题。

点菜要适量，不仅要吃饱、吃好，而且必须量力而行。如果为了讲排场、装门面，而在点菜时大点、特点，甚至乱点一通，不仅对自己没好处，而且还会招人笑话。这时，一定要心中有数，力求做到不超支，不乱花，不铺张浪费。可以点套餐或包桌，这样费用固定，菜肴的档次和数量相对固定，省去很多麻烦，也可以根据"个人预算"，在用餐时现场临时点菜。这样不但自由度较大，而且可以兼顾个人的财力和口味。

被请者在点菜时，一是告诉做东者，自己没有特殊要求，请对方随便点，这实际上正是对方欢迎的做法，或者是认真点上一个不太贵的而又不是大家忌口的菜，再请其他人点。别人点的菜，无论如何都不要挑三拣四。

一顿标准的中餐大菜，不管它是什么样的风味，上菜的次序都是相同的。通常，首先上桌的是冷盘，接下来是热炒，随后上的是主菜，然后上点心和汤，最后上的是果盘。如果上咸点心的话，讲究上咸汤；如果上甜点心的话，就要上甜汤。不管是不是吃大餐，了解中餐标准的上菜次序，不仅有助于在点菜时巧作搭配，而且还可以避免因为不懂而出洋相、闹笑话。

在宴请之前，主人需要事先对菜单进行斟酌。在准备菜单的时候，主人要着重考虑哪些菜可以选用、哪些菜不宜选用。

优先考虑的菜肴有以下四类。

第一类，是有中餐特色的菜肴。在宴请外宾的时候，这一条更要高度重视。比方说，中餐里的龙须面、煮元宵、炸春卷、蒸饺子、狮子头、宫爆鸡丁等，并不是佳肴美味，但因为具有鲜明的中国特色，所以受到很多外国人的推崇。

第二类，是有本地特色的菜肴。比如，西安的羊肉泡馍，湖南的毛家红烧肉，上海的红烧狮子头，北京的涮羊肉，在这些地方宴请外地客人时，上这些特色菜，恐怕要比千篇一律的生猛海鲜更受好评。

第三类，是本餐馆的特色菜。很多餐馆，都有自己的特色菜。上一份本餐馆的特色菜，能说明主人的细心和对被请者的尊重。

第四类，是主人的拿手菜。在举办家宴时，主人一定要当众露上一手，多做几个自己的拿手菜。其实，所谓的拿手菜不一定十全十美。只要主人动手为来客烧菜，单凭这一条，就会让对方感觉到你的尊重和友好。

在安排菜单时，还必须考虑来宾的饮食禁忌，特别是对主宾的饮食禁忌要高度重视。这些饮食方面的禁忌主要有以下四方面。

（1）宗教的饮食禁忌，一点也不能疏忽大意。例如，穆斯林不吃猪肉，并且不喝酒。国内的佛教徒不吃荤腥食品，它不仅指的是不吃肉食，而且还包括葱、蒜、韭菜、芥末等气味刺鼻的食物。

（2）出于健康的原因，对于某些食品，也有所禁忌。比如，心脏病、脑血管动脉硬化、高血压等病人，不适合吃狗肉；肝炎病人忌吃羊肉和甲鱼；胃肠炎、胃溃疡等消化系统疾病的人也不宜吃甲鱼；高血压、高胆固醇患者，要少喝鸡汤等。

（3）不同的地区，人们的饮食偏好往往不同。对于这一点，在安排菜单时，也要兼顾。比如，湖南人普遍喜欢吃辛辣食物，少吃甜食。英美国家的人通常不吃宠物、稀有动物、动物内脏、动物的头部和脚爪。

（4）有些职业，出于某种原因，在餐饮方面往往也有各自不同的特殊禁忌。例如，国家公务员在执行公务时不准吃请，在公务宴请时不准大吃大喝，不准超过国家规定的标准用餐，不准喝烈性酒。再如，驾驶员在工作期间，不得饮酒。要是忽略了这一点，还有可能使对方犯错误。

在隆重而正式的宴会上，主人选定的菜单也可以在精心书写后，每人一份，让用餐者不但餐前心中有数，而且餐后也可以留作纪念。

学会在宴会中从容交谈

宴会为社交和娱乐提供了一个很好的平台。一般来说，参加宴会的客人很难相互认识，鉴于此，主人应该一一介绍。介绍时，应注意要向客人说明来宾的构成，具体在作某人的介绍时要将他的姓名、称衔和职业爱好等作一介绍。

交流是宴会上客人相互了解和结识的前提，因此要注意宴会上的谈话内容的选择，要尽量达到大部分参加宴会的客人都有兴趣。一般比较适合谈一些愉快健康的见闻或真切的感受等。谈话的形式可分为以下三种：

一是，全体客人同时参与谈话。而对于这种交谈，通常最近的新闻大事、社会消息、市场经济为大家谈论的焦点。

二是，邻近座位上两人的谈话。如个人爱好、个人最近身体或工作情况等都是不错的开场话题。

三是，多人谈话包括同席人，但不是全体。谈话时，最好找一个适时的主题开始，如文学艺术、体育、音乐等。

谈话的同时，还要注意谈话时气氛的调节，切忌只同亲近的人或就近的人谈而冷落了全席的人，不应该闭口不谈，应始终找些共同的话题，引起全席人的情绪，调动氛围，使气氛热烈而欢快。但交谈时尽量不要涉及政治方面的问题，因为政治上大家难免有不同看法，甚至完全对立，造成话不投机半句多的局面，闹得宴席上很不愉快。谈话时也尽量不要谈及职业问题，一谈起职业来就容易使人感到有比高低之嫌。

女人如何对不同的人祝酒

初入社会的女性，避免不了在工作中的一些应酬活动，陪领导吃饭呀，陪客户呀，等等，每到这时总觉得自己很尴尬，不知道如何应付才好。身为一个女性，怎么才能做到得体地敬酒、劝酒呢？

女性无论会不会喝酒，都要去劝酒。会喝酒的女性分两种，一种老实型的，能喝什么就喝什么；一种是隐藏型的，一般上来不先喝酒的，往往先喝点果汁、饮料什么的，嘴里还说自己不会喝。

在敬酒的时候，女性的策略往往通过说话技巧反映得淋漓尽致！比如，可以说，我给你倒杯酒，你要喝，不喝就是嫌我丑；比如，可以说，我是不会喝酒的，今天看到你高兴，我也喝酒了，你说我都喝酒了，你应该喝几杯啊？比如，有谁不喝酒，就说，这点面子都不给，就喝一杯？你看大家都看着我们，我下不了台了！还有，敬酒时用饮料替代，如果有人点穿，可以对某某领导说，你看这家伙还和女人斤斤计较，某某领导你说应该不应该先罚酒！某某领导一定会站在你那边，说应该的应该的。

面对不同人，要有不同的祝酒礼仪，无论你是职场中的新人、上级、下级……当你去赴酒局的时候，一定要注意场合！

1. 职场新人的敬酒礼仪

初入职场，很多礼仪都不懂，尤其是去酒局，往往会让你焦头烂额，不知所措。最终，闹出笑话，也给自己埋下了不良种子。那么作为职场新人该如何去敬酒呢？

当你和老板一起去赴酒局的时候，一定要帮老板挡酒。当然，自己作为公司的一员，也要代表公司去敬客户。这里有一点值得注意的是敬完客户，千万就不要再去敬自己的老板。别以为敬完客户，不敬老板就是失礼。不是这样，你是帮老板挡酒的，不是让老板来喝酒的。

2. 下级敬酒礼仪

在工作中，我们经常会遇到陪领导检查吃饭，如果你不清楚这里面的一些"潜规则"，有可能会给你带来很多烦心事。上级劝下级喝酒容易，但下级要想成功向上级劝酒，就得以牺牲自己为代价。聪明的下属敬酒，首先得跟领导言明，自个干杯，领导随意。

下级向上级领导敬酒，必须毕恭毕敬地站着，面含微笑，双手捧着酒杯，酒杯的高度不能超过领导的酒杯。喝酒的时候，要微微地欠着身子，说声：领导您请！领导没有举杯的时候，你千万不能先喝，等领导喝了，你才能喝。

3. 上级敬酒礼仪

一个好的上级，无论在工作中，还是酒桌上，都能体现领导者的智慧。喝酒是一门学问，虽然不大，但却非常实用。

上级给下级敬酒，杯中的酒蕴涵着多种意思，即使是空杯也代表亲民、慰问、鼓励和关怀。既然你已经与众多下属坐在一起，那么就要对下级和蔼一点，不要在酒桌上还摆领导架子，就像生活中朋友喝酒一样，多聊一些关心下属和群众的生活，或是工作之外的一些趣闻逸事等，这样下级觉得你这样的人很有风度的。

商务敬酒的规矩

敬酒之前需要斟酒。按照规范来说，除主人和服务人员外，其他宾客一般不要自行给别人斟酒。如果主人亲自斟酒，应该用本次宴会上最好的酒斟，宾客要端起酒杯致谢，必要的时候应该起身站立。

如果是作为大型的商务用餐来说，都应该是服务人员来斟酒。斟酒一般要从位高者开始，然后顺时针斟。如果不需要酒了，可以把手挡在酒杯上，说声"不用了，谢谢"就可以。这时候，斟酒者就没有必要非得一再要求斟酒。

中餐里，别人斟酒的时候，也可以回敬以"叩指礼"。特别是自己的身份比主人高的时候，即以右手拇指、食指、中指捏在一起，指尖向下，轻叩几下桌面表示对斟酒的感谢。

酒倒多少才合适呢？白酒和啤酒可以斟满，而其他洋酒就不用斟满。

敬酒应该在特定的时间进行，并以不影响来宾用餐为首要考虑。敬酒分为正式敬酒和普通敬酒。正式的敬酒，一般是在宾主入席后、用餐前开始就可以敬，一般都是主人来敬，同时还要说规范的祝酒词。一般在5分钟之内讲完。无论是主人还是来宾，如果是在自己的座位上向集体敬酒，就要求首先站起身来，面含微笑，手拿酒杯，面朝大家。这时，所有人应该一律停止用餐或喝酒。主人提议干杯的时候，所有人都要端起酒杯站起来，互相碰一碰。按国际通行的做法，敬酒不一定要喝干。但即使平时滴酒不沾的人，也要拿起酒杯抿上一口，以示对主人的尊重。除了主人向集体敬酒，来宾也可以向集体敬酒。来宾的祝酒词可以说得更简短，甚至一两句话都可以。比如："各位，为了以后我们的合作愉快，干杯！"平时涉及礼仪规范内容更多的还是普通敬酒。普通敬酒就是在主人正式敬酒之后，各个来宾和主人之间或者来宾之间可以互相敬酒，同时说一两句简单的祝酒词或劝酒词。别人向你敬酒的时候，要手举酒杯到双眼高度，在对方说了祝酒词或"干杯"之后，再喝。喝完后，还要手拿酒杯和对方对视一下，这一过程才结束。而普通敬酒，只要是在正式敬酒之后就可以开始了。但要注意是在对方方便的时候，比如他当时没有和其他人敬酒，嘴里不在咀嚼，认为对方可能愿意接受你的敬酒。而且，如果向同一个人敬酒，应该等身份比自己高的人敬过之后再敬。

除此之外，敬酒的时候还要特别注意：敬酒无论是敬的一方还是接受的一方，都要注意因地制宜、入乡随俗。在东北、内蒙古等北方地区，敬酒的时候往往讲究"端起即干"。在他们看来，这种方式才能表达诚意、敬意。所以，在具体的应对上就应注意，自己酒量欠佳应该事先诚恳说明，不要看似豪爽地端着酒去敬对方，而对方一口干了，你却只是"意思意思"，往往会引起对方的不快。另外，对于敬酒的来说，如果对方确实酒量不济，没有必要去强求。喝酒的最高境界应该是"喝好"而不是"喝倒"。

在中餐里，还有一个讲究：即主人亲自向你敬酒干杯后，要回敬主人，和他再干一杯。回敬的时候，要右手拿着杯子，左手托底，和对方同时喝。干杯的时候，可以象征性和对方轻碰一下酒杯，不要用力过猛，非得听到响声不可。出于敬重，可以使自己的酒杯较低于对方酒杯。如果和对方相距较远，可以以酒杯杯底轻碰桌面，表示碰杯。

和中餐不同的是，西餐用来敬酒、干杯的酒，一般都用香槟。而且，只是敬酒不劝酒，只敬酒而不真正碰杯。还不可以越过自己身边的人和相距较远者祝酒干杯，尤其是交叉干杯。

必须了解的西式宴会礼仪

无论你是出国旅游还是出差，如果有人邀请你参加正式宴会，那么你需要了解一些西方宴会的基本礼仪。

（1）到达。你最好按时到达，迟到四五分钟也可以原谅，但千万不能迟到一刻钟以上，否则到时为难的不是别人，而是你自己。如果你去的是富裕而讲究的人家，进大门时遇到的第一个人可能是个管家，负责帮你挂衣服或者是给你带路的，所以你先别急着跟他握手，观察一下再决定。

（2）准备。进了客厅，不要着急找位子坐。西方人在这种场合一般都要各处周旋，待主人为自己介绍其他客人。你可以从侍者送来的酒和其他饮料里面选一杯合适的边喝边和其他客人聊天。等到饭厅的门打开了，男主人和女主宾会带着大家走进饭厅，女主人和男主宾应该走在最后，但如果男主宾是某位大人物，女主人和他也许会走在最前面。

（3）入席。西餐入席的规矩十分讲究，席位一般早已安排好，这时和你同来的先生或女士绝不会被安排坐在你身边。欧美人认为熟人聊天的机会多得很，要趁此机会多交朋友。男女主人分别坐在长方形桌子的上、下方，女主人的右边是男主宾，男主人的右边是女主宾。其他客人的坐法是男女相间。男士在入座之前要帮右边的女士拉开椅子，待女士坐稳后自己再入座。

大家落座之后，主人拿餐巾，你就跟着拿餐巾。记住：不管这时出现什么情况（如主人有饭前祷告的习惯），主人没拿餐巾之前你不能拿餐巾。

（4）用餐。一般的情况下是3~5道菜，前三道菜应该是冷盘、汤、鱼，后两道菜是主菜（肉或海鲜加蔬菜）、甜品或水果，最后是咖啡及小点心。吃饭的时候不要把全部精力都放在胃口的享受上，要多和左右的人交谈。甜品用完之后，如果咖啡没有出现，那可能是等会儿请你去客厅喝。总之，看到女主人把餐巾放在桌子上站起来后，你就可以放下餐巾离开座位。这时，懂礼貌的男士要站起来帮女士拉开椅子，受照顾的女士不必对这一前一后的殷勤有特别的想法，这是男士应该做的。

（5）告别。如果你不想太引人注目，最好不要第一个告辞，也不要最后一个离开，在这其间你什么时候告辞都可以，只是一旦告辞就应该爽快地离开。

怎样把西餐吃得优雅

普通西餐的上菜顺序是：面包、汤、各类菜肴、布丁、咖啡或红茶。在正式宴会上，内容可能会更加丰盛。就餐者应熟悉一下菜单，不要一上来就吃饱，接下来便无力他顾了。

餐巾在用餐前就可以打开。点完菜后，在前菜送来前的这段时间把餐巾打开，往内折1/3，让2/3平铺在腿上，盖住膝盖以上的双腿部分。最好不要把餐巾塞入领口。

用餐时不要狼吞虎咽，要一小口一小口地吃，咀嚼食物、喝汤，都不要发出声响，口内含有食物时，不要说话，以免食物落出。如果汤菜太热，不要用嘴吹，可稍等片刻待凉时再享用。

遇到吃面包，可用手撕下一块。用刀涂上黄油或果酱，把面包托在手上吃，用叉子叉着面包吃或把面包浸在汤中捞出来再吃，都是不合适的。吃面包吃到连调味汁都不剩，是对厨师的礼貌。注意不要把面包盘子"舔"得很干净，而要用叉子叉住已撕成小块的面包，再蘸一点调味汁来吃，这才是雅观的做法。

吃豆子时，可用叉面就食，不要一粒粒地叉着吃。吃面条可用汤匙辅助叉子，也可只用叉子。不能用刀把面条切断再吃，可以用叉子把面条卷起来送入口中。吃点心必须用叉子，即用叉面铲起来吃，但千万不要用手给别人拿点心，需为他人取点心，可以刀、叉托住送过去。

吃有骨头的肉时，可以用手拿着吃。遇有烤鸡、龙虾时，也可用手撕着吃。用手取食前，有时会送上一小水盆（铜盆、瓷碗或水晶玻璃缸），水上漂着玫瑰花瓣或柠檬片，这是专供洗手用的，切不可误解为饮用水而闹出笑话。当洗手水和带骨头的肉一起端上来时，意味着"请用手吃"。用手指拿东西吃后，应将手指放在装洗手水的碗里洗净。吃一般的菜时，如果把手指弄脏，也可请侍者端洗手水来，洗手时两手轮流沾湿指头，轻轻刷洗，然后用餐巾或小毛巾擦干。

弄脏嘴巴时，也要用餐巾擦拭，应避免用自己的手帕。用餐巾反折的内侧来擦，而不是弄脏其正面，是应有的礼貌。若餐巾脏得厉害，可请侍者重新更换一条。侍者会经常注意客人的需要。若需要服务，可用眼神向他示意或微微把手抬高，侍者会马上过来。如果对服务满意，想付小费时，可用签账卡支付，即在账单上写下含小费在内的总额再签名。最后别忘记口头致谢。在一流餐厅里，客人除了吃以外，诸如倒酒、整理餐具、捡起掉在地上的刀叉等事，都应让侍者去做。在国外，进餐时侍者会问："How is everything?"如果没有问题，可用"Good"来表达满意。

对自己喜欢吃的食物，不要站起身子到餐桌的另一头去夹或主动要求添加。自己不爱吃或不能吃的食物，当服务人员或主人分夹给你时，一般也不要拒绝，可取少量放入盘内，并表示"谢谢，够了"。不想再添酒或根本不喝酒时，只要轻微做一个手势就可以了，切不可用手蒙住酒杯或干脆将酒杯倒扣在桌上。

在进餐过程中，不宜倚靠在椅背上，也不要紧贴餐桌。把胳膊放在桌子上，也是不太文明的；不要边抽烟边进餐；进餐时旁若无人地大声喧哗也是极失礼的行为。万不得已要中途离席时，最好在上菜的空当，向同桌的人打声招呼，把餐巾放在椅子上再走，别打乱了整个吃饭的程序和气氛。吃完饭后，只要将餐巾随意放在餐桌上即可，不必特意叠整齐。

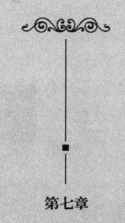

第七章

准备好了，再打电话！遵守通讯礼仪

　　现代商务应酬中，随着科技的发达，联系方式也呈现出多种多样的趋势，如何更好地利用这些资源，更好地拉近与客户的关系，进而促进成功，掌握商务联系礼仪的知识显得尤为重要。

商务邀约与应对的礼仪

1. 正式邀约与非正式邀约

在商务交往中，因为各种各样的实际需要，商务人员必须对一定的交往对象发出约请，邀请对方出席某项活动，或是前来我方做客。这类性质的活动，被商务礼仪称之为邀约。

邀约有时还被称为邀请或邀集。从交际的角度来看待邀约，它实质上是一种双向的约定行为。当一方邀请另一方或多方人士，前来自己的所在地或者在其他某地方约会，以及出席某些活动时，他不能仅凭自己的一厢情愿行事，而是必须取得被邀请方的同意与合作。作为邀请者，不能不自量力，无事生非，自寻烦恼，既麻烦别人，又自讨没趣。作为被邀请者，则需要及早地做出合乎自身利益与意愿的反应。不论是邀请者，还是被邀请者，都必须把邀约当做一种正规的商务约会来看待，对它绝对不可以掉以轻心，小而化之。

对邀请者而言，发出邀请，如同发出一种礼仪性很强的通知一样，不仅要力求合乎礼貌，取得被邀请者的良好回应，而且还必须使之符合双方各自的身份，以及双方之间关系的现状。

在一般情况下，邀约有正式与非正式之分。正式的邀约，既讲究礼仪，又要设法使被邀请者备忘，故此它多采用书面的形式。非正式的邀约，通常是以口头形式来表现的，相对而言，它要显得随便一些。

正式的邀约有请柬邀约、书信邀约、传真邀约、电报邀约、便条邀约等具体形式，它适用于正式的商务交往中。非正式的邀约有当面邀约、托人邀约以及打电话邀约等不同的形式，它多适用于商界人士非正式的接触之中。前者可统称为书面邀约，后者则可称为口头邀约。

根据商务礼仪的规定，在比较正规的商务往来之中，必须以正式的邀约作为邀约的主要形式。因此，有必要对它做出较为详尽的介绍。

2. 请柬邀约

在正式邀约的诸多形式之中，档次最高也最为商界人士所常用的当属请柬邀约。凡精心安排、精心组织的大型活动与仪式，如宴会、舞会、纪念会、庆祝会、发布会、单位的开业仪式等，只有采用请柬邀请嘉宾，才会被人视之为与其档次相称。

请柬又称请帖，它一般由正文与封套两部分组成。不管是购买印刷好的成品，还是自行制作，在格式与行文上，都应当遵守成规。

请柬正文的用纸，大都比较考究，它多用厚纸对折而成。以横式请柬为例，对折后的左面外侧多为封面，右面内侧则为正文的行文之处。封面通常讲究采用红色，并标有"请柬"二字。请柬内侧，可以同为红色，或采用其他颜色。但民间忌讳用黄色与黑色，通常不可采用。在请柬上亲笔书写正文时，应采用钢笔或毛笔，并选择黑色、蓝色的墨水或墨汁。红色、紫色、绿色、黄色以及其他鲜艳的墨水，则不宜采用。

目前，在商务交往中所采用的请柬，基本上都是横式请柬。它的行文，是自左而右、自上而下地横写的。除此之外，还有一种竖式请柬。它的行文，则是自上而下、自右而左地竖写的。作为中国传统文化的一种形式，竖式请柬多用于民间的传统性交际应酬。

在请柬的行文中，通常必须包括活动形式、活动时间、活动地点、活动要求、联络方式以及邀请人等项内容。

规范的请柬正文示范

×××先生/女士

谨订于2016年8月29日下午15时于本市金马大酒店水晶厅举行××集团公司成立六周年庆祝酒会，敬请届时光临。

> 联络电话：63322××
>
> 备忘
>
> ×××敬邀
>
> ×年×月×日

在请柬的左下方注有"备忘"两字，意在提醒被邀请者届时毋忘。在国际上，这是一种习惯的做法。西方人在注明"备忘"时，通常使用都是同一个意思的法文缩写"P.M."。

从以上范文会发现，其中邀请者的名称在行文时没有在最后落款，而是处于正文之间。其实，把它落在最后，并标明发出请柬的日期，在商务交往中也是允许的。

另外，被邀请者的"尊姓大名"没有在正文中出现，则是因为姓名一般已在封套上写明白了。要是不厌其烦地在正文中再写一次，也是可以的。在正文中，"请柬"两字可以有，也可以没有。

被邀请者与邀请者名称单独分列的请柬正文示范

尊敬的蒋勤先生：

　　11月6日19时为李娟小姐饯行，席设本市北京路××号西茶社，恭请光临。

周抒平谨订

　　在涉外交往中使用的请柬，应采用英文书写。在行文中，全部字母均应大写，应不分段、不用标点符号，并采用第三人称。这是其习惯做法。

　　在请柬的封套上，被邀请者的姓名要写清楚，写端正。这是为了对对方示敬，也是为了确保它被准时送达。

　　3.书信邀约

　　以书信为形式对他人发出的邀请，叫做书信邀约。比之于请柬邀约，书信邀约显得要随便一些，故此它多用于熟人之间。

　　用来邀请他人的书信，内容自当以邀约为主，但其措辞不必过于拘束。它的基本要求是言简意赅，说明问题，同时又不失友好之意。可能的话，它应当打印，并由邀请人亲笔签名。比较正规一些的邀请信，有时也叫邀请书或邀请函。

邀请信范文

尊敬的××公司负责人：

　　"2016北京民用新产品新技术展销会"定于今年9月8日至28日在北京国际展览中心举行，欢迎贵公司报名参展。

报名时间：8月1日至20日

报名地点：花园路乙××号

联系电话：253118××

组委会敬邀

2016年7月16日

在装帧与款式方面，邀请信均不必过于考究。其封套的写作，与书信基本上相同。

4.传真邀约与电报邀约

传真邀约，指的是利用传真机发出传真的形式，对被邀者所进行的一种邀约。在具体格式、文字方面以及其做法与书信邀约大同小异。但是由于它利用了现代化的通信设备，因而传递更为迅速，并且不易丢失。

电报邀约，即以拍发专电的形式，对被邀者所进行的邀约。电报邀约与书信邀约在文字上，都要求热情、友好、恳切、得体。除此之外，电报邀约在准确、精练方面要求得更高一些，这是由电报这一形式本身所决定的。电报邀约速度快、准确率高，因此多用于邀请异地的客人。在具体内容上，它与书信邀约大致类似。

5.便条邀约

在某些时候，商界人士在进行个人接触时，还会采用便条邀约。便条邀约，即将邀约写在便条纸上，然后留交或请人代交给被邀请者。在书面邀约诸形式之中，它显得最为随便。却反而往往会使被邀请者感到亲切、自然。

便条邀请的内容，是有什么事写什么事，写清楚为止。它所选用的纸张，应干净、整洁。

依照常规，用以邀约他人的便条不管是留交还是代交给对方，均应装入信封之中，一同送交。让邀请条"赤条条"地来来去去，则不甚适宜。

便条邀约他人的示范

刘××先生：

兹与远大集团公司杨××董事约定，下周五中午12时在四川酒家共进工作餐。敬请光临。

杨××留上

5月2日

在一般情况下，不论以何种书面形式邀约他人，均须做得越早越好。通常，它应当至少在一周之前到达对方手中，以便对方有所准备。临阵磨枪，打对方一个措手不及，不仅会给对方以逼人就范的感觉，而且也是非常不尊重对方的。

6.回答对方的邀约

任何书面形式的邀约，都在邀请者经过慎重考虑，认为确有必要之后，才会发出的。因此，在商务交往中，商界人士不管接到来自任何单位、个人的书面邀约，都必须及时地、正确地进行处理。自己不论能不能接受对方的邀约，均须按照礼仪的规范，对邀请者待之以礼，给予明确、合"礼"的回答，即或者应邀，或者婉拒。置之不理，厚此薄彼，草率从事，都有可能自作自受，自找麻烦。

鉴于同时受到邀请的往往不止一方，任何被邀请者在接到书面邀请之后，不论邀请者对于答复者有无规定，出于礼貌，都应尽早将自己的决定通知给对方。

事实上，为了了解被邀请者对邀约有何反应，许多邀请者在发出书面邀约时，就对被邀请者有所要求，请对方能否到场必须做出答复。

通常，类似的规定往往会在书面邀约的行文中出现。例如，要求被邀请者"如蒙光临，请予函告""能否出席，敬请答复"，以及"盼赐惠复"，等等。

为了确保被邀请者准确无误地将有关信息反馈给邀请者，在书面邀约正文的左下方，循例要将与邀请者联络的具体方式，一一详尽地提供给被邀请者。它们通常包括：联络电话号码、传真号码、电传号码、电子邮箱（网址）、邮政编码、电报挂号、联络地点以及通信地址等。以上这些内容不必一一全部列出，可以根据具体情况从中选择。不过，联络或咨询的电话号码这一项，原则上是不能缺少的。

有些善解人意的商界人士为了体谅被邀请者，在发出书面邀约时，往往会同时附上一份专用的"答复卡"。上面除了"接受邀请""不能接受"这两项内容外，再没有其他任何东西。这样，被邀请者在答复时，只需稍费举手之劳，在以上两项之中，做一回"选择题"，在两者之一画上一道钩，或是涂去其一，然后再寄回给邀请者就行了。

没有在接到书面邀约的同时接到"答复卡"，并不意味着不必答复。答复是必要的，只不过需要自己亲自动手罢了。

对书面邀约所进行的答复，通常采用书信的形式。在商务礼仪中，它被称为回函。回函基本上都需要亲笔书写，以示重视。如果打印回函，则至少应当亲笔签名。

所有的回函，不管是接受函还是拒绝函，均须在接到书面邀约之后3日之内回复，而且回得越早越好。

　　在回函的行文中，应当对邀请者尊重、友好，并且应当对能否接受邀约这一关键性问题做出明确的答复。切勿避实就虚，让人觉得"难解其中味"。如果拒绝，则讲明理由，就可以了。

　　回函的具体格式，可参照邀请者发来的书面邀约。在人称、语气、措辞、称呼等方面，与之不相上下，就算不上失礼。

接受邀约的回函示范

尊敬的袁××先生：

　　中岛公司董事长兼总经理郇××先生非常荣幸地接受成功影视广告公司总裁的邀请，将于1月20日上午9时准时出席成功影视广告公司开业仪式。谨祝开业大吉，并顺致敬意。

×××

×年×月×日

　　在写接受函时，应将有关的时间与地点重复一下，以便与邀请者"核实"无误。在写拒绝函时，则不必这样做。

　　回函通知邀请者自己决定接受邀请后，届时就不能失约了。这类临时的"变卦"，会给邀请者添许多麻烦。

　　拒绝邀约的理由应当充分，如卧病、出差、有约在先等，均可采用。在回绝邀约时，万勿忘记向邀约者表示谢意，或预祝其组织的活动圆满成功。

拒绝邀约的回函示范

尊敬的王××先生：

　　我深怀歉疚地通知您，由于本人明晚将乘机飞往德国法兰克福市洽谈生意，故而无法接受您的邀请，前往波特曼饭店出席贵公司举办的迎春茶话会。恭请见谅，谨致谢忱。

×××

×年×月×日

你真的会打商务电话吗

　　电话被现代人公认为便利的通信工具，在日常工作中，使用电话的语言很关键，它直接影响着一个部门的声誉；生活中，我们通过电话也能粗略判断对方的人品、性格。因而，掌握正确的、礼貌待人的打电话方法是非常必要的。

　　打电话者首先应自报姓名，这是电话礼节中最基本的常识。询问对方是否方便之后，再开始交谈。对方接电话后，打电话者应先询问一下"我想跟您谈几分钟，可以吗"，等等。电话内容要简单、明了。可以事先将通话要旨归纳几条抄录在便条上，供打电话时使用。若由于某种原因导致电话中断，要由打电话人重新挂拨。如果是给不曾会过面的人打电话，最好在可能的情况下先发一封信，说明电话的中心内容。特别是请求对方帮助了解某件事情并等候答复时，要留给对方充足的时间，写信联系是个好办法。

（1）选择适当的时间。给某人家里打电话，要避开上午九点前、晚上九点或十点以后，以及晚饭（包括准备）时间。有的国家、地区不同，晚饭时间也不尽相同，应遵照当地习惯，适时行事。一般的公务电话最好避开临近下班的时间，因为这时间打电话，如果对方需要调查一番方能答复，或是对方急于下班，很可能得不到令人满意的答复。公务电话应尽量打到对方单位，若确有必要往对方家里打时，应注意避开吃饭或睡觉时间。

（2）重要的第一声。当我们打电话给某单位，若一接通，就能听到对方亲切、优美的招呼声，心里一定会很愉快，使双方对话能顺利展开，对该单位有了较好的印象。在电话中只要稍微注意一下自己的行为就会给对方留下完全不同的印象。同样说："你好，这里是公司。"但声音清晰、悦耳、吐字清脆，给对方留下好的印象，对方对其所在单位也会有好印象。因此要记住，接电话时，应有"我代表单位形象"的意识。

（3）要有喜悦的心情。打电话时我们要保持良好的心情，这样即使对方看不见你，但是从欢快的语调中也会被你感染，给对方留下极佳的印象。由于面部表情会影响声音的变化，所以即使在电话中，也要抱着"对方看着我"的心态去应对。

（4）清晰明朗的声音。打电话过程中绝对不能吸烟、喝茶、吃零食，即使是懒散的姿势对方也能够"听"得出来。你打电话的时候，若弯着腰躺在椅子上，对方听你的声音就是懒散的，无精打采的；若坐姿端正，所发出的声音也会亲切悦耳，充满活力。因此，打电话时即使看不见对方，也要当做对方就在眼前，尽可能注意自己的姿势。

（5）认真清楚地记录。对对方的谈话可作必要的重复，重要的内容应简明扼要地记录下来，如时间、地点、联系事宜、需解决的问题等。在工作中这些资料都是十分重要的。对打电话、接电话具有相同的重要性。电话记录既要简洁又要完备。

（6）挂电话前的礼貌。要结束电话交谈时，一般应当由打电话的一方提出，然后彼此客气地道别，说一声"再见"，然后轻轻放下电话，不可只顾自己讲完就挂断电话。

接电话的礼仪规范

不要以为接电话没什么，其实里面有很深的学问。一定要等电话响两声之后再接。为什么？你要利用这段时间平静自己的情绪，在你不知道来电人是谁、来电内容是什么之前，不要将你的情绪带给将要和你对话的那个人，哪怕你此刻是欢快的，你怎么知道对方一定就希望听到你欢天喜地的声音？当然，把你的坏心情不加掩饰地传递给对方就更不应该了。电话总是由各种各样的人打来，他们总会带来一些好消息、坏消息或者一些不好也不坏的消息，将你的情绪信号毫无保留地传递给对方，不免偶尔也会表错情。

接电话，有时就像看待人生，要有宁静、平和的心态。电话响两声，对打电话的人来说，是完全可以接受的等待时间，也是他期待你拿起电话的最佳状态。对接电话的人来说，在短短的一声电话铃声里，你的焦躁和不安可能已经瞬间平息，你才可以不惊不惧地面对任何事，宠辱不惊地面对任何人。世上很多事情，需要一个小小的停顿和转折，别那么急着拿起电话。记住，铃声响两下后，再接。

另外，还要记住一点，如果你的办公室里有客户，不要接电话。这种情况很常见，但却很少有人意识到，这时接电话是一种不礼貌的行为。这样做其实是告诉你的客户，电话那端的人比他更重要。除非你是在等一个非常重要的电话，否则就在语音信箱留信息。如果你要接电话，应该让客户知道你为什么接这个电话，比如说"我正在等老板的电话"。

记住以下几点。

第一，必须在24小时内回复所有的来电

如果你的经营哲学是"能拖到明天，就不必急着今天做"，那你这一辈子恐怕是很难熬出头了。把24小时内回复所有来电当成一种习惯，就能确保你的人际关系网络上的资讯畅通程度。对某些职业而言，如果你不立即回复电话，就可能失去一次交易的机会。

第二，对挂断电话不要犹豫

比如，当一位推销员喋喋不休地向我们推荐某种毫无兴趣的商品时，打断他是一种仁慈的行为。"对不起，我不想浪费你的时间。"然后立即挂上电话，并带着微笑。

第三，适当打断对方

要打断对方时，你可以采用和面谈一样的准则，尽量不打断他，除非一切都证明不如此不可能了结。

第四，注意不良习惯

如果你发现你在电话中有某项不良习惯，就把纸条贴在电话机

上来矫正。如果你有爱清嗓子，说口头禅，或喜欢东拉西扯等坏习惯，这张提醒你的纸会帮助你摆脱它们的危害。让电话中的交谈表现出你最好的一面吧！

第五，口齿清晰

用电话向总公司报告业务的推销员一定都明白口齿清楚的重要性，只有这样，他的报告才不会出现差错。说到名字时，他要说出名字的拼法，同时要求对方复述，以核对是否准确。当你用电话递送消息时，即使是一般的社交消息，也必须弄清楚对方是否真正明白了你的意思。

如何转接他人的电话

在办公室或其他场合，转接电话是你经常要遇到的情况，转接电话很微妙，如果把握不好，可能造成阻碍，使电话意外中断，或使信息识传失真。如何才能正确地转接电话？以下的一些礼仪是你要注意的：

1.转接电话拿着话筒和放下话筒一个样

很多人在拿着话筒时，通常会比较注意自己的语言，会说"您找哪位？请您稍等。"放下电话找人时，往往忘了对方也能听见，就随心所欲地"是个男的"，或者说"一个有外地口音的人""一个声音挺娇的小姑娘"。当对方在电话里听到这些形容方式时，会感到不愉快。因此，转接电话时要同样用客气的方式叫人，或者应该用手捂上话筒，注意隔音。

2.做好电话记录

如果对方要找的人不在，要尽量做好电话记录。记录内容包括什么人、什么时间打的电话、大概说什么事（如果对方不愿意不必强问）、对方有什么要求（一看到字条马上回电话，还是晚上再打电话等）。通常很多人在转接电话时不予记录或者记录得非常简单，只有一个姓和一个电话号码，这样对方要找的人工作繁忙的话，这种电话可能得不到及时回复。

3.确认对方姓名身份尽量用褒义词语

替人转接电话，确认对方姓名时，尽量要用褒义词语。不要脱口而出，用习惯用语去确认对方的姓名，如"您姓孙，是孙子的孙吗？""您姓冷，是冷淡的冷吗？"诸如此类，让对方听了感到不快。其实可以改成"是孙子兵法的孙吗？""是冷热的冷吗？"在记录对方电话号码时，则一定要重复，以免记错。

4.未经要接电话者同意不可轻易将其手机号码告诉对方

转接电话时，如果来电者要找的人不在，对方询问手机号码时，转接者一定要经过要接电话者同意才能把其手机号码告诉对方；否则，可能会干扰要接电话者的工作或生活。

5.讲究口德，不乱传闲话

如果转接到了一个敏感人物的电话，比如大家怀疑某某跟某某有特殊关系，恰好某某打电话找某某时被你接到了，这种时候千万不要捕风捉影，不要去转告第三人"谁给谁来电话了"，更不能在旁边偷听对方的电话内容。不论是绯闻还是面对关系过于紧密的上下级，接电话者都不能妄自猜测，随意传播。

发一份有感情的电子邮件

电子邮件，又称电子函件或电子信函。它是利用电子计算机所组成的互联网络，向交往对象所发出的一种电子信件。使用电子邮件进行对外联络，不仅安全保密，节省时间，不受篇幅的限制，清晰度极高，而且还可以大大地降低通信费用。

1.电子邮件基本礼仪

商界人士在使用电子邮件对外进行联络时，应当遵守的礼仪规范主要包括以下四个方面。

第一，电子邮件应当认真撰写。向他人发送的电子邮件，一定要精心构思，认真撰写。若是随想随写，是既不尊重对方，也不尊重自己的。在撰写电子邮件时，以下三点尤其必须注意。

一是，主题要明确。一个电子邮件，大都只有一个主题，并且往往需要在前注明。若是将其归纳得当，收件人见到它便对整个电子邮件一目了然了。

二是，语言要流畅。电子邮件要便于阅读，就要语言流畅，尽量别写生僻字、异体字。引用数据、资料时，则最好标明出处，以便收件人核对。

三是，内容要简洁。网上的时间极为宝贵，所以电子邮件的内容应当简明扼要，越短越好。

第二，电子邮件应当避免滥用。在信息社会中，任何人的时间都是无比珍贵的。对商界人士来讲，这一点就显得更加重要了。所以有人才会说："在商务交往中要尊重一个人，首先就要懂得替他节省时间。"

有鉴于此，若无必要，轻易不要向他人乱发电子邮件。尤其是不要以之与他人谈天说地，或是只为了检验一下自己的电子邮件能否成功地发出，更不宜随意以这种方式在网上"征友"。

目前，有不少网民时常会因为自己的电子信箱中堆满垃圾邮件而烦心不堪。对其进行处理，不仅会浪费自己的时间和精力，而且还有可能会耽搁自己的正事。

第三，要小心地写电子邮件里的每一个字和每一句话。

因为现在法律规定电子邮件也可以作为法律证据，是合法的，所以发电子邮件时要小心。如果对公司不利的，千万不要写上，如报价等。发邮件时一定要慎重。

邮件信息不要太冗长。这样不会引起他人注意，别人也不喜欢看下去。

不要在邮件末端列出对方的地址。因为对方知道自己的地址，不用写，写上感觉不太好。

第四，发送附加文件要考虑对方能否阅读该文件。

发第一封你可以先用一般格式发送（对方可以阅读的格式），然后在上面写上"请问一下，如果发送压缩格式（或其他格式）的能不能阅读"。

如果可以，你就可以发送压缩格式的文件。这样给人感觉你很细心，也很体贴，而且让人感觉这个文件很重要。

邮件不要太公式化。你可以在上面加上LOGO等。

2.电子邮件中的网络礼仪

与流行的观点不同，电子邮件不只是用在你给母亲写信的时候，所有在技术上见多识广的人都在使用电子邮件。以下是教你如何成为像他们一样的老手。

不管你给谁写信，注意礼仪都是很重要的。下面是一些写信的基本规则。

（1）不要"大喊"。全部用大写字母被认为是在"大喊"，很粗鲁。只应在应该"大喊"或强调什么时这么做。

（2）不管做什么，别SPAM。

SPAM就是给邮件表或你收集到的电子邮件地址中的人发电子邮件，而这些人不希望别人干扰。这会使邮件表或别人的邮箱充满。这种行为很轻率，令人很气愤。如果你这样做了，你会被逮着的。

（3）不要FLAME。FLAME是用激烈的言辞表达对别人的敌视。

（4）别把私人邮件公开发布。如果你收到一封私人信件，把它送别人是不明智的。

用好"附件"。你可以把文件附加在电子邮件中。最好不要使用很大的附件，除非你知道收信人确实需要。

（5）使用讽刺时要小心。尤其是刚刚介入一种媒体时，尽量在你的电子邮件中坦诚相见。经常讽刺会使人认为是卑鄙。

3.电子邮件常用速写

写电子邮件的艺术是简洁。下面是一些节省空间的 E-mail英文速写：

BTW——by the way;

FYI——for your information;

IMHO——in my humble opinion;

IOW——in other words;

LOL——laugh out loud;

OTOH——on the other hand。

电子邮件爱好者的另一个习惯是使用由字符组成的图释（emotion）。有些人能从图释读出很多意思，其中有三个非常常用（把头向左转90度，即可以看清楚）：

"：-）"代表基本的笑脸，表示笑容和善意。

"；-）"代表眨眼笑，表示歪曲、讽刺或嘲笑。

"：-（"代表皱眉，表示令人不高兴的消息、令人悲伤的消息。

"主题"中的词句应该给收信人一个关于你的邮件的简单描述。当收信人以后查看邮件时尤其有用（例如："主题：我想要回我的书"比"主题：你好"更容易被发现）。

使用手机要注意的礼仪规范

1.使用手机的注意事项

手机的出现和广泛使用，使得人们之间的联系更为便捷，但如果在使用时不注意礼仪，就会干扰了别人，给别人带来不方便。

第一，在音乐会、重要仪式、重要集会等高雅、庄重的场合不能用手机。万一要用，应调成震动，把对他人的影响降到最低。

第二，手机最好不要别在身体的明显部位，也不要总是拿在手里，应该放在手袋中或公文包里。

第三，不要在大马路上一边走一边打电话。如果确实有急事，可站在某个安静人少处打。平时与人共进工作餐（特别是自己做主人请客户时）也最好不打手机。如果有电话找自己，最好说一声"对不起"，然后去洗手间接，而且一定要简短，这是对对方的尊重。当着客人的面打电话，会使客人不知所措。

2.管好彩铃别添乱

案例一：令人尴尬的铃声。

一位刚刚二十出头的小姑娘陪着经理去拜见重要客户。双方正在交谈中，有人给小姑娘打电话，只听里面传出了无限娇滴滴的声音："妈妈，来电话了！"这时小姑娘尴尬得满脸通红，客户们想笑也不敢笑，经理则用眼光偷偷责备她。

案例二：不良彩铃丢业务。

王先生给从未谋面的张先生打电话联系业务，对方手机里传来一首节奏明快的歌曲，但仔细一听内容，王先生觉得有点不对劲，因为歌词中的一句话是"你有话快说，有屁快放"。王先生想，这张先生到底是什么样的人，听铃声这么"糙"，估计也没法深交。

3.使用手机不能随时随地

（1）不应该在公共场合，尤其是楼道、电梯、路口、人行道等人来人往的地方，旁若无人地使用手机。打电话是私密的事情，不必当众喧哗，影响他人。

（2）不应该在要求"保持安静"的公共场所，如音乐厅、美术馆、影剧院、歌剧院等表演、比赛的场合使用手机。这是对演员、观众最起码的尊重，也是进入上述场合的起码礼仪。

（3）在聚会期间，如开会、会见、上课之时应自觉关闭手机，或将手机设定至震动状态，这是对会议主持人、老师、听众的礼貌。

（4）不要在驾驶汽车时接听手机电话或发短信，或查看寻呼机，以防止发生车祸。

（5）不要在病房、加油站等地方使用手机，以免所发信号干扰治疗仪器，有碍治疗或引发油库火灾、爆炸。

（6）不要在飞机飞行期间使用手机，否则会干扰仪器，导致飞机失事等严重后果。

4.短信礼仪

（1）发短信一定要署名。短信署名既是对对方的尊重，也是达到目的的必要手段。元旦前一天工作关系繁多的秦先生收到了70多条祝福短信。其中有60条是不署名的，好多内容还相同。秦先生也搞不清楚这些人都是谁。这种祝福发了等于没发。如果是正事，不署名更会耽误事。

（2）短信祝福一来一往足矣。现在每逢节日，人们都会发短信祝福。来而不往非礼也，所以别人发来短信，自己就要回一个短信。接到对方短信回复后，一般就不要再发致谢之类的短信，因为对方一看，又得回过来。就祝福短信来说，一来一往足矣，二来二往就多了，三番五次就成了繁文缛节。

（3）有些重要电话可以先用短信预约。有时要给身份高或重要的人打电话，知道对方很忙，可以先发短信"有事找，是否方便给您打电话？"如果对方没有回短信，一定不是很方便，可以在较久的时间以后再拨打电话。

（4）及时删除自己不希望别人看到的短信。一些人经常把手机放在桌上，如出办公室办事或者去卫生间，也许有好奇之人就会顺手翻看短信。如果上面有一些并不希望别人看到的短信，就可能引起麻烦。若不幸被对方传播出去，后果就更严重。夫妻之间亦是。难免会有异性同事、朋友发一些语言亲昵的短信，其实是因为双方熟了，开开玩笑，若让爱人看见，就会引起不必要的误会。因此，经不起推敲的短信一定要及时删除。

（5）上班时间不要没完没了发短信。上班时间每个人都在忙着工作，即使不忙，也不能没完没了地发短信，否则就会打扰对方工作，甚至可能让对方违纪。如果对方正在主持会议或者正在商谈重要事项，闲聊式的短信更会让对方心中不悦。

（6）发短信不能太晚。有些人觉得晚上10点以后不方便给对方打电话了，发个短信告知就行。短信虽然更加简便，但如果太晚，也一样会影响对方休息。

（7）提醒对方最好用短信。如果事先已经与对方约好参加某个会议或活动，为了怕对方忘记，最好事先再提醒一下。提醒时适宜用短信而不要直接打电话。打电话似乎有不信任对方之感。短信就显得非正式，亲切得多。短信提醒时语气应当委婉，不可生硬。

下笔有"礼"的通信回信礼仪

通信是一种常用的交流手段，虽然社会的进步，手机的出现，电话的使用频繁，但有的时候还是要用写信，才能表达我们的心意，而且也较为方便和便宜。最基本的通信礼节是有信必复，不能拖延。有人很高兴收到别人的来信，但是却不及时回信，一拖再拖或干脆不复，抑或草率从事，这都是对别人的不尊重。

通信要求按照固定的格式，字迹清晰工整，语言连贯、流畅，逻辑思维严密。书信不应随便乱涂乱改，不会写的字可以查字典，但是不能偷懒地注上拼音或以同音字来代替。

使用打字机打出的私人信件，最好在末尾再写上几行亲笔字，至少也要有亲笔签名，以示尊重。贺信、唁函一类的信件，以亲笔书写为最好。写信用钢笔为最好，不宜用铅笔，但是墨水要有选择，如有些国家红色墨水表断交，绿色墨水表恋爱。

信中的称呼要根据实际情况，依对方与本人的关系而定，一般关系应用尊称，关系特别密切的人之间可用昵称。

信件是交流感情的手段，信的内容不必拘谨，可以在信上充分表达自己的思想和感情，使之具有鲜明的个性。

一个有教养的人不应在信中只谈论自己，而应适当向对方表达自己的关心。

信写好后要按规范叠好装入信封。信纸不要乱折乱叠，邮票要贴在信封正面的右上角。

明信片只适合问候，它是开放式的，所以明信片不宜表白个人隐私，而风景明信片只能用以问安和致贺。

通信自由是受法律保护的，任何人不得私拆、偷看他人信件，亲人也不例外。对他人的信件在收到后要妥善保存，不要乱塞乱扔，或者拿来包东西，要妥善保管信件。

1.写信应注意的礼节

话语要表示亲热。没有亲属关系的，可称"某某同志"，也可按职务称为"某某教授"或"某经理"之类，对高龄者也可称"某老"；给平辈写信，一般名字前面不宜冠姓，有无亲属关系均可称兄道弟，并没有特殊要求。对于有名有字者必须用字加称谓以表严谨。写给小辈，有亲属关系的，可用名字加称谓，也可称呼其名；无亲属关系的，可称呼"某某同志""小王""小李"之类的。

要有热情的问候语。信的开头要有问候语，问候语可长可短，即使只用"你好"两字，也会体现出发自内心的一片真诚。

要诚恳地祝贺。写信结束后，犹如向朋友告别，道一声"珍重"，同样是非常重要的。祝贺语有格式上的规范要求，一般分两行书写，上一行前空两格，下一行顶格。祝贺语可以套用约定俗成的句式，如"祝你健康"之类，也可另辟蹊径，触景生情。

正确地使用敬语、谦语。敬语、谦语在书信中的使用频率很高，如称别人的书信为"大礼""惠书"，读别人的信为"捧读"，信末署名自称"后学""愚弟"等。

信封书写要正确、清晰。这是一种对邮递员的尊敬。收信人的名字后面，要写上"同志""先生"等称谓，不能写"外公""阿妹"之类，因为这不符合邮递员与收信人的关系。

2.回复信件应注意的礼节

信件本来就是一种相互往来的过程，收信后必然要回复。复信要注意的事项有以下几点。

（1）要及时阅读来信。见信如见人，收到信件后一连几天不看，犹如把客人拒之门外，这是很不应该的，而且拖延看信可能会延迟某些重要的事项和信息。根据来信内容，决定是否复信、何时复信和如何复信。在复信时，最好说一句是几月几日收到你的信，以免让对方担心信件是否送达。

（2）有些来信可能是求教某个问题或托办某件事情，收信人应明确予以回答。凡是应该帮助而自己又能帮助的，应尽可能伸出援助之手；如果爱莫能助，则应坦诚地说明情况，以取得对方的谅解，并且不致耽误对方及事先寻找其他方法。自己可以助一臂之力时又办不好的事，也应先给对方复信，以免对方久等。总之，对来信提出的要求，收信人应该坦诚相对，置之不理或避而不答，是不合礼仪要求的。

（3）有时由于种种原因，例如地址更换、出差在外、转信人耽搁等，导致收信人没能及时收到来信，甚至因此贻误了办事的时机。对此，收信人应在收信后立即向对方说明事实情况，取得对方的谅解，并尽可能设法采取一些弥补的措施。

（4）对于社会知名人士来说，由于经常收到一些不相识的崇拜者的来信，最好请人专门帮助回复，或者挑出部分信件自己回复，保持与大众的交流与联系。因为对这些信件一一答复，显然是不可能的，一概不理不问，视而不见或视若包袱，也是不合适的，同时还可以选择适当的机会和方式，如通过新闻媒介，向来信者表示自己的谢意。

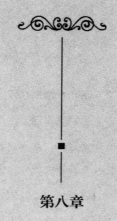

第八章

礼物代表你的心，礼轻更要情意重

中国有句俗话：礼尚往来。送礼馈赠是国际上通行的社交活动形式之一，是向对方表达心意的物质表现。在商务应酬中，为了向宾客或对方表示恭贺、感谢或慰问，常常需要赠送礼物，以增进友谊与合作。但是许多人却为送礼而头疼和烦恼。总觉得给人送礼就是把礼物给予别人就算完事了，实际不是这样的。送礼的过程不仅是礼品的交流，而且是自身良好行为规范的表现。因此，送礼也就有了许多礼节，失礼了便可能造成"礼送了却没得到好"的结果。

礼尚往来的原则

1. 送礼要注意时间和场合

一般来说，礼品可以随时送给对方，可是有些礼品如果选择好赠送时机就会有更好的效果。比如，每年的年历一定要赶在前一年的12月初送为佳，如果等到12月中下旬年历成堆的时候，你再送就无法突出出来。只有在别人还没开始送的时候你送，那才是时机呢！你要记住，送第一本年历的给人印象是最深的。

上门送礼应什么时间段去好？一般来说，上门送礼一定要提前约定时间。上午最好在10点到11点，下午最好在4点左右。节假日大家都有睡懒觉的习惯，上午10点之前到家就显得早了点，上午送完礼后，尽量不要停留在11点以后，也最好不要在别人家吃午饭。下午2点到3点，有人有午休的习惯，所以4点左右送礼比较合适。

礼品一般应当场、当面赠送。通常情况下，当众只给一群人中的某一个人送礼是不合适的。因为受礼人会有受贿或受愚弄之感，而且会使没有受礼的人有受冷落和受轻视之感。

通常情况下，送礼应选择时机。

道喜：对方有结婚、生育、过生日等喜事。

道贺：对方晋级、乔迁、出国等。

道谢：受到他人帮助之后，可以在适当时机以适当礼物相赠。

慰问：对方遇到天灾人祸，身处逆境时。

纪念：朋友久别重逢、恋人相识周年、结婚周年等有纪念价值的日子。

节日：传统佳节如春节，国人走亲访友时习惯赠送一些礼品；遇到母亲节、教师节等节日也应有所表示。

2. 送礼要看对象

送礼要因人而送，男女老少都应有区别。给年轻女性送保健品，就会让对方觉得很尴尬：感觉自己老了，得靠保养品了？如果送给中年妇女则其会更加感激。送礼还要依据对方的年龄、身份、性别、爱好、工作性质等而选择送不同的礼物。

给病人送礼就要注意，有些人喜欢给病人送滋补品或保健品，其实，这很不恰当，因为病人正在治疗期，每日要按时服药或进行针剂注射，并不适合服用补品。送给病人的礼物以鲜花或小的盆景为宜。但是，送鲜花是十分讲究的，有些花并不适合送给病人。一般来说，下列花卉是不错的选择：玫瑰、康乃馨、满天星、百合、天堂鸟。

送结婚礼物的时候，作为参加喜宴的朋友，应事先选购有意义的礼物，如送99朵玫瑰代表"天长地久"，或送具有纪念价值的金贺卡及结婚蛋糕，向新郎新娘表示祝福之心。

给别人庆祝生日，因为对象不同也有所不同。在给长辈祝寿时，"礼数"稍多一些。给同辈朋友过生日，则不必拘于形式送礼品最容易。给长辈祝寿，除了衣服要讲究之外，还必须带有一份含有健康长寿意义的物品，如设计精美的蛋糕，或有纪念性的金贺卡。

3. 送礼的包装要注意

赠送的礼品要有精美的包装，不可把一堆没有包装的礼品放在一起，随便用提包一装就给人送去，这样礼品再多对方也不会高兴的，因为这是对对方不尊重的行为。送礼送礼，许多话都表现在"礼"上，所以对礼品的包装一定要讲究。礼物应该讲究视觉感受，好的包装能够让礼物显得更隆重一些，表达对他人的尊重。而且包装可以增加礼物的社会人文内涵，弱化礼品本身的价值概念，让礼物好上加好，西方人特别重视这一点。其实礼物的意义并不在于其本身的实用价值，而是以它为载体传递的无形价值。所以馈赠礼物者也应该重视包装所体现出来的情感和心意。但是，应该注意的是，包装要与礼品本身相匹配，因为接受礼物的人往往是通过包装来判断礼物的价值，如果发现礼物本身与期望的差距太大，就产生与送礼目的相反的效果。所以要让包装发挥"增效"作用，就要适度包装。

4. 送接礼物的礼节

收到礼品时，应双手捧接，并立即表示感谢。中国人收礼后一般要等客人走后才打开；外国人则习惯当着客人的面打开包装，并说上几句赞美礼品的话。要是知道了礼品比较贵重的话，还是当面拆开包装最好。如果收到的礼品不合心意，也应当像接受自己所喜欢的礼品一样，说上几句感激对方和赞美礼品的话。

接受馈赠后，得想办法回礼才合乎礼貌。中国人崇尚"礼尚往来"，外国人同样重视。尽管在接受馈赠时无法马上回礼，但是在日后，也得准备礼物回赠对方。

态度友善，举止得体。送礼时要注意态度、动作和语言表达。平和友善、落落大方的动作并伴有礼节性的语言表达，才是受礼方乐于接受的。那种做贼似的悄悄地将礼品置于桌下或房间某个角落的做法，不仅达不到馈赠的目的，甚至会适得其反。在我国一般习惯上，送礼时自己总会过分谦虚地说："薄礼！薄礼！""只有一点小意思"或"很对不起……"这种做法最好避免。当然，如果在赠送时用一种近乎骄傲的口吻说："这是很贵重的东西！"也不合适。在对所赠送的礼品进行介绍时，应该强调的是自己对受赠一方所怀有的好感与情义，而不是强调礼物的实际价值，否则，就落入了重礼而轻义的地步，甚至会使对方有一种接受贿赂的感觉。

如何选择礼物

俗话说"千里送鹅毛，礼轻情意重"，这就告诉人们，赠送礼品不在多少，而在双方之间的情义。送礼之前，要对礼品进行认真的选择。馈赠者要考虑受礼者的性别、婚否、教养、喜好及其家庭的情况，挑选具有鲜明特色的、能够使其经常看见或经常使用的礼品。例如，精美的名片夹可以送给工作上的合作伙伴；本地制造的特色产品可以赠送外宾。

1. 赠花

爱花是人类的天性。一束花，几枝玲珑剔透的枝叶，配上色彩调和的花器，忽地眼前一亮，就能把阴沉、烦闷、忧郁一扫而光，而带来了满眼的光辉和整室的生气，使人们在赏心悦目之余，陶醉在安静祥和之中。这时的一盆花，不仅会带给你心灵的舒适，更是精神的寄托。这就是插花的功效。在节日期间，送给对方一束花，对增进彼此的感情大有好处。因此，什么节日、什么季节送什么样的插花，很有讲究。赠花是一门艺术，因为送花的目的是以花为礼、联系情感、增进友谊。因此什么时候送什么花，什么场合选什么花，什么人喜欢什么花，都需要根据具体情况，因时因地因对象而精心设计。

2. 商务送花指南

客户晋升时，一定会有许多祝福的花篮送到他的办公室。这时候你再送花，反而被湮没在花海中，如果送他小小的、精致的花卉提篮，可以放在对方的办公桌上，还比较吸引他的注意呢！选择颜色亮丽或富含花语的花木，如开运竹、发财树、巴西木等。

赠花给客户，不论是异性还是同性，不要送玫瑰，以免客户误会你。特别是异性要尤其小心。若贸然送黄玫瑰给对方，或者在对方生日时送他洋水仙，就不礼貌了。因为黄玫瑰代表嫉妒，包括工作上和感情方面；后者指对方自大、虚假。

3. 自制礼物

还有的人喜欢自制礼物送给别人，比如自制饼干送给老客户。花费时间和精力制作特别的礼物，对这些人来说是一件别有情趣的事，而礼物的寓意和价值在他们眼里也变得更加深刻和有意义。此时，礼物已经不单单是一种物品，而是一种特殊的感情语言，传达的是送礼人对对方的深情厚谊。

涉外馈赠礼节大观

与中国人送礼不同，国外送礼有独特之处，比如，外国人在送礼及收礼时，都很少有谦卑之词。中国人在送礼时习惯说"礼不好，请笑纳"，但外国人认为这有遭贬之感；中国人习惯在受礼时说"受之有愧"等自谦语，而外国人认为这是无礼的行为，会使送礼者不愉快甚至难堪。所以，当接受宾朋的礼品时，绝大多数国家的人是用双手接过礼品，并向对方致谢。

送礼花费不大，礼品不必太贵重。太贵重的礼物送人不妥当，易引起"重礼之下，必有所求"的猜测。一般可送点纪念品、鲜花或给对方孩子买件称心的小玩具。

外国人送礼十分讲究外包装精美。

送礼一定要公开大方。把礼品不声不响地丢在某个角落然后离开是不适当的。

西方人大都喜欢在收到礼品后立即打开，并说出感谢的话，以示对送礼人的尊重，你不用介意他是否真正喜欢。

拒绝收礼一般是不允许的。若因故拒绝，态度应委婉而坚决。

1. 给美国人送礼

可"以玩代礼"，邀请对方共进晚餐就可算作送礼。当然也可送葡萄酒或烈性酒，高雅的名牌礼物他们很喜欢，尤其是尽量送一些具有浓厚乡土气息或别致精巧的工艺品，以满足美国人的猎奇心。送礼可在应酬前或结束时，不要在应酬中将礼物拿出来。送礼一般在晚上。有两种场合可通过赠礼来自然地表达祝贺和友情，一是每年的圣诞节期间，二是当你抵达和离开美国的时候。如是工作关系可送些办公用品，也可选一些具有民族特色的精美工艺品。在美国，请客人吃顿饭，喝杯酒，或到别墅去共度周末，被视为较普遍的"赠礼"形式，你只要对此表示感谢即可，不必再作其他报答。去美国人家中做客一般不必备厚礼，带些小礼品如鲜花、美酒和工艺品即可，如果空手赴宴，则表示你将回请。

2. 给英国人送礼

给英国人送礼要轻，可送些鲜花、小工艺品、巧克力或名酒，但对饰有客人所属公司标记的礼品不大欣赏。

3. 给德国人送礼

德国人喜欢价格适中、典雅别致的礼物，包装一定要尽善尽美。

4. 给法国人送礼

法国人最讨厌初次见面就送礼，一般可在第二次见面时才送，礼品常是几枝不加捆扎的鲜花。

5. 给日本人送礼

送礼是日本人的一大喜好，他们比较注重牌子，喜欢名牌礼物和礼品的包装，但不一定要贵重礼品。送礼通常送对其本人用途不大的物品为宜。送礼者不要在礼物上刻字作画以留纪念，因他还要将此礼品继续送出去。日本人将送礼看做是向对方表示心意的物质体现。礼不在厚，赠送得当便会给对方留下深刻印象。送日本人礼品要选择适当，中国的文房四宝、名人字画、工艺品等最受欢迎，但字画的尺寸不宜过大。所送礼品的包装不能草率，哪怕是一盒茶叶也应精心打理。中国人送礼成双，日本人则避偶就奇，通常用1、3、5、7等奇数，但又忌讳其中的"9"，因为在日语中"9"的读音与"苦"相同。按日本习俗，向个人赠礼须在私下进行，不宜当众送出。

6. 给韩国人送礼

韩国人喜欢本地出产的东西，故你在送礼时只需备一份本国、本民族、本地区的特产就好。

7. 给阿拉伯人送礼

阿拉伯人喜欢赠贵重物品，也喜欢得到贵重物品，喜欢名牌和多姿多彩的礼物，不喜欢纯实用性的东西。初次见面不能送礼给他们，不能送旧物品和酒。在阿拉伯国家中国的工艺品很受欢迎，造型生动的木雕或石雕动物，古香古色的瓷瓶、织锦或香木扇，绘有山水花鸟的中国画和唐三彩，都是馈赠的佳品。向阿拉伯人送礼要尊重其民族和宗教习俗，不要送古代仕女图，因为阿拉伯人不愿让女子的形象在厅堂高悬；向女士赠礼，一定要通过她们的丈夫或父亲，赠饰品予女士更是大忌。

8. 送新西兰人礼物

受基督教、天主教的影响，新西兰人讨厌"13"与"星期五"。要是有一天既是13日又是星期五，那么新西兰人不论干什么事都会提心吊胆。对于在这一天外出赴宴、跳舞、观剧之类的邀请，他们则能推就推。因此不要在这些日子送礼。

其他如朝鲜人喜欢送花，斯里兰卡人喜欢赠茶，澳大利亚、新加坡人喜欢鲜花与美酒。一般外国人喜欢中国的景泰蓝、刺绣品等。

商务馈赠要点

具有中国特色的景泰蓝小马和中国结，一定受外商的青睐。

公司的纪念印章，对于项目合作方来说，是一份很好的纪念物。

从韩国旅游带回来的银餐具，送给老板恰到好处。不过最好连老板的家里人也准备上，就再好不过了。

脸谱书签让酷爱京剧和读书的客户爱不释手。

中国普遍有"好事成双"的说法，因而凡是大贺大喜之事，所送之礼，均好双忌单，但广东人则忌讳"4"这个偶数，因为在广东话中，"4"听起来就像是"死"，是不吉利的。再如，白色虽有纯洁无瑕之意，但中国人比较忌讳，因为在中国，白色常是大悲之色和贫穷之色。同样，黑色也被视为不吉利，是凶灾之色、哀丧之色。而红色，则是喜庆、祥和、欢庆的象征，受到人们的普遍喜爱。

另外，我国人民还常常讲究给老人不能送钟表，给夫妻或情人不能送梨，因为"送钟"与"送终"，"梨"与"离"谐音，是不吉利的。还有，如不能为健康人送药品，不能为异性朋友送贴身的用品等。

人们常常互相馈赠礼物，有些礼物含有一定的象征意义，所以赠物中也存在一些禁忌。如忌以手巾送人，俗语有"送巾，断根""送巾，离根"，且在丧俗中有以送手巾前来吊唁者，以示与死者"断绝"往来。忌以扇赠人，俗语"送扇，无相见"。且因扇子用过即失。

忌以刀剪送人，以免有要伤害对方之嫌。忌以甜米果送人，民间过年时家家必蒸甜米果，平时只有丧家守孝才蒸，如果以此送人，则意味着别人家有丧。给病人送的物品用单数，不用双数，特别忌用四个，因为"四"与"死"谐音，一般给死人献祭用四个。

在香港给人送礼，特别是给商人老板送礼，切忌送茉莉、梅花。因为茉莉与"没利"谐音，梅花的梅和"霉"同音；去探望病人，切莫带去剑兰，因"剑兰"与"见难"相谐，这正犯了病家的大忌。一般给病人送水果要送苹果、橘子、桃、栗子，这都含有平安吉利、逃离病魔的寓意，而切忌送梨，因"梨"与"离"同音。

人际交往中，人们常常互相馈赠礼物，以表达友好的情感。但由于人与人之间社会关系的不同，礼物常常带有一定的象征意义，因此，中国人在赠物中也有一些禁忌相沿成俗。

云南大理的白族赠送礼品的数目必须带"六"字。如送礼钱若是160元，主人会很高兴；若送500元，主人反而会以为不吉祥而拒绝接受。佤族人日常生活中禁忌以辣椒、鸡蛋为礼品。这是因为旧时佤族部落间交战常以送给对方辣椒来表示宣战；而复仇则先送给对方鸡蛋作为警告信号。

如何给客户送礼品

礼品分为几种类型：

1. 实用型

例如，笔、本子、领带、钱包、香水、打火机、各类球拍等最常用，要了解客户爱好、性格，投其所好。客户比较容易接受，可以慢慢建立良好关系。

2. 摆设型

例如，台历、招财猫（类似的有牛、羊等吉祥物）、水晶摆设等，多用于初始接触阶段，给客户有好的感觉，但因为礼物没有太多实用及经济价值，不会给客户留下太深印象。

3. 代币型

例如，手机充值卡、各类超市代金券等礼物好处不用多说，送者方便，受者实惠。

4. 奢侈型

例如，手表、高级礼品。切记一定要摸清楚客户的"爱好"，才能投其所好。

客户对待礼品的心态是不一样的，这里分析如下：

5. 好面子型

此类客户感觉有人送他东西，在家人、朋友面前特有面子。对这种人送的东西应是能够拿得出手的。

6. 图实惠型

此类客户的想法是："茶壶里煮饺子——心里有数"就行了，还是来点实惠的吧。

7. 借鸡生蛋型

此类客户比较难缠，不过，好在他的要求一般不会太超预算。

8. 狮子开口型

这类人一般是某个单子的关键人物。在法律和预算允许的情况下，为了生意的成功，你可以满足这类客户的要求，反之，则应该明确地告诉对方要求太过分了。

送礼品的方式方法有很多种，你可以选择比较恰当的一种。

直接带去客户公司送给本人；

交给秘书或前台代转（当然要注意包装，不能走光）；

快递（同样注意包装问题）；

约客户出来坐坐，同时送上；

交与客户关系亲密且放心的第三者代送。

这几种方式根据礼品价值大小、人物级别、事情关键程度综合考虑，搭配使用，没有很标准的做法。总之，原则是客户收着方便（换位思考很重要）。还要记着，不是自己当面送的话，事后一定要打个电话明示或暗示此事情。

商务送礼的四个规矩

商务送礼既然是一门艺术，自有其约定俗成的规矩，送给谁、送什么、怎么送都很有奥妙，绝不能瞎送、胡送、滥送。根据古今中外一些成功的送礼经验和失败的教训，起码我们应该注意下述原则。

1. 礼物轻重得当

一般来讲，礼物太轻，又意义不大，很容易让人误解为瞧不起他，尤其是对关系不算亲密的人，更是如此，而且如果礼太轻而想求别人办的事难度较大，成功的可能几乎为零。但是，礼物太贵重，又会使接受礼物的人有受贿之嫌，特别是对上级、同事更应注意。

除了某些爱占便宜又胆子特大的人之外，一般人就很可能婉言谢绝，或即使收下，也会付钱，要不就日后必定设法还礼，这样岂不是强迫人家消费吗？如果对方拒收，你钱已花出，留着无用，便会生出许多烦恼，就像平常人们常说的"花钱找罪受"，何苦呢？因此，礼物的轻重选择以对方能够愉快接受为尺度，争取做到少花钱多办事，多花钱办好事。

2. 送礼间隔适宜

送礼的时间间隔也很有讲究，过频过繁或间隔过长都不合适。送礼者可能手头宽裕，或求助心切，便时常大包小包地送上门去，有人以为这样大方，一定可以博得别人的好感，细想起来，其实不然。因为你以这样的频率送礼目的性太强。另外，礼尚往来，人家还必须还情于你。一般来说，以选择重要节日、喜庆、寿诞送礼为宜，送礼的不显得突兀虚套，受礼的收着也心安理得，两全其美。

3. 了解风俗禁忌

送礼前应了解受礼人的身份、爱好、民族习惯，免得送礼送出麻烦来。有个人去医院看望病人，带去一袋苹果以示慰问，哪知引出了麻烦，正巧那位病人是上海人，上海人叫"苹果"跟"病故"二字发音相同。送去苹果岂不是咒人家病故，由于送礼人不了解情况，弄得不欢而散。鉴于此，送礼时，一定要考虑周全，以免节外生枝。对文化素养高的知识分子若送去一幅蹩脚的书画就很没趣。

4. 礼品要有意义

礼物是感情的载体。任何礼物都表示送礼人的特有心意，或酬谢或求人，或联络感情等。所以，你选择的礼品必须与你的心意相符，并使受礼者觉得你的礼物非同寻常，倍感珍贵。实际上，最好的礼品应该是根据对方兴趣爱好选择的，富有意义、耐人寻味、品质不凡却不显山露水的礼品。因此，选择礼物时要考虑它的思想性、艺术性、趣味性、纪念性等多方面的因素，力求别出心裁，不落俗套。

给上司送礼之十戒

给上司送礼更重要的是要保证你所送的礼物不犯忌，下列10个类型的礼物要尽量避免。

（1）送礼物给老板最好和同事一视同仁，否则就有"拍马屁"的嫌疑，同时容易被同事们鄙视。

（2）带有性暗示的礼物，如：内衣、床上用品等不要送。

（3）宗教性的礼物，如：十字架、圣经等。

（4）贵重的礼物，如：珠宝、手表等。

（5）过于廉价的礼物，如任何带有公司标识的物品、礼品笔等。

（6）别人送你的礼物，你再转送。

（7）烟酒。

（8）食物篮：你的上司会将它们分发给员工。

（9）没有用的礼物，如咖啡保暖器、烟灰缸等。

（10）含有"政治性"的礼物，这样的礼物惹人讨厌。

真诚地接受别人的礼品

在一般情况下，对于一件得体的礼品，受礼人应当郑重其事地收下。当他人口头宣布有礼相赠时，不管自己在做什么事，都应立即中止，起身站立，面向对方，以便有所准备。在赠送者递上礼品时，要尽可能地用双手前去迎接。不要一只手去接礼品，特别是不要单用左手去接礼品。在接受礼品时，勿忘面带微笑，双目注视对方。正式场合下，受礼者应用左手托好礼物（大的礼物可先放下），抽出右手来与对方握手致谢。

你可能对礼品赞不绝口，但这是不够的。在双手接过他人礼品的同时，应向对方立即道谢。"谢谢您"三个字表明，你谢的不是礼物本身，而是对方送给你礼物的这一举动。

此外还可以说一些动听的话，感谢送礼人所花费的心血："您能想到我太好了。"您可以感谢对方为买到合适的礼品所付出的努力，如："您竟然还记得我收集邮票。"

接受礼物时要注意礼貌，但不要过于推辞，没完没了地说："受之有愧，受之有愧！"以致伤害送礼者的感情，即使送的礼物不合你意，也应有礼貌地加以感谢。

如果实在不能收别人的礼物，要礼貌并委婉地表示拒绝，不要强硬地阻止或呵斥送礼人。

有时还会遇到一个人向多人分发礼物的时候，此时无论自己收到什么样的礼物，都不要表现出过分的惊喜和不喜欢的情绪。也不要看到自己喜欢的礼物轮到了别人的手里，而去争抢，或与对方强行交换，更不能把自己已经得到的礼物抛弃或丢给送礼者或别人，以表示自己不喜欢，这都是不礼貌的。

送礼人在把各种礼物一一分发给众人时，一般是事先有所计划和想法的，通常都是根据个人的喜好来对礼物进行选择的，如果你渴望自己拥有一个化妆包，可是这个礼物已经被分到了别人的手中，你就不能向对方表示：我想要个化妆包，把这个礼物给我吧。同时对自己得到了一支钢笔而闷闷不乐，这样不但令得到礼物的朋友不悦，也让送礼人觉得很难为情。

接受他人的馈赠，在适当的时机和场合应当有回礼。可以在客人临走时回赠，也可以在接受礼物之后隔一段时间登门回访，顺便带给对方一些礼物表示感谢，还可以寻找机会回赠，如在亲友喜庆的日子送上适宜的礼物，以表示你的谢意。

回礼的方式多种多样，礼品可以和馈赠礼品的价值相仿，但也可多可少，视亲密程度而定。一般工作上来往或初次往来还没有深交，回礼都应当和馈赠礼品价值相仿或更重一些。

关系密切的亲朋好友的回礼则可以随便些，多一点少一点都不要紧，主要在表达情意。

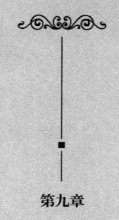

第九章

同事来往，失"礼"就会无人理

怎样与同事友好相处呢？不妨将同事看作工作上的伴侣、生活中的朋友，千万别在办公室板着一张脸，让人们觉得你自命清高，不屑于和大家共处。当你苦于难以和上司及同事相处时，殊不知你的上司或同事可能也正在为此焦虑不堪。相处中你要学会真诚待人，遇到问题时一定要先站在别人的立场上为对方想一想，这样一来，常常可以将争执湮灭在摇篮中。

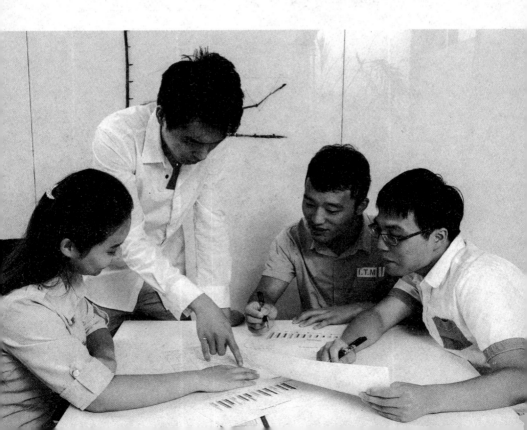

职场新人修好办公礼仪第一课

刚进入职场的新人，必须了解和掌握一些必备的基本礼仪，这有助于你更快地进入角色，建立融洽的工作环境。以下的一些礼仪是你需要知道的：

（1）早晨进办公室时互相问早，下班回家时互相道别。

（2）打电话时尽量放低声音，如果是私人电话，尽量减少通话时间。转接电话时使用文明用语。

（3）在同事需要帮助的时候伸出援助之手。打扰别人时应说对不起，得到他人帮助时要表达谢意，无论是上下级，秘书还是办公室的后勤人员。

（4）不议论任何人的隐私。

（5）进出电梯时为需要帮助的人按住电梯门。

（6）在开会或同事聚集的场合，不对任何不同意见做出轻蔑的举止。

（7）与来访者握手时做到大方得体，不卑不亢。

（8）不在办公室里脱鞋、赤脚。

（9）将手机的声音调低或关机，以免影响他人。

（10）不翻动其他同事桌上的文件资料，甚至电脑、传真机上与自己无关的任何资料。

（11）有任何资料需要移交给他人，一定要贴上小Sticker，写清时间、内容、签名并且不忘谢谢。

（12）男士尽量不在办公室抽烟，以免污染环境；女士尽量不在办公室里化妆、涂指甲，也不穿过分性感的衣服。

（13）在办公室里见到同事或是来访者不忘微笑。

（14）不在办公室里制造流言飞语或传播小道消息。

（15）尽量避免在办公室里与同事发生财务纠纷。

把握礼仪与同事友好往来

对于现代职场人来说，最难得的是拥有一个好同事，比一个好同事更难得的是拥有一群好同事。同事既是良好的工作伙伴，也是主要的竞争对象，还是鼎力相助的良师益友。可以说，同事在每个人的生活和工作中充当着不可或缺的重要角色。同事之间的关系是微妙的，与同事相处得如何，直接关系到自己的工作、事业的进步与发展。如果同事之间关系融洽、和谐，人们就会感到心情愉快，有利于工作的顺利进行，从而促进事业的发展；反之，同事关系紧张，相互拆台，经常发生摩擦，就会影响正常的工作和生活。阻碍事业的正常发展。

同事之间友好相处，礼仪是很重要的。一般来说，在礼仪的运用上要做到以下几点。

（1）尊重同事。相互尊重是处理好任何一种人际关系的基础，同事关系也不例外，同事关系不同于亲友关系，它不是以亲情为纽带的社会关系，亲友之间一时的失礼，可以用亲情来弥补，而同事之间的关系是以工作为纽带的，一旦失礼，创伤难以愈合。所以，处理好同事之间的关系，最重要的是尊重对方。

（2）物质上的往来应一清二楚。同事之间可能有相互借钱、借物或馈赠礼品等物质上的往来，但切忌马虎，每一项都应记得清楚明白，即使是小的款项，也应记在备忘录上，以提醒自己及时归还，以免遗忘，引起误会。向同事借钱、借物，应主动给对方打张借条，以增进同事对自己的信任。有时，出借者也可主动要求借入者打借条，这也并不过分，借入者应予以理解，如果所借钱物不能及时归还，应每隔一段时间向对方说明一下情况。在物质利益方面无论是有意或者无意地占对方的便宜，都会在对方的心理上引起不快，从而降低自己在对方心目中的人格。

（3）对同事的困难表示关心。同事的困难，通常首先会选择亲朋帮助，但作为同事，应主动问讯。对力所能及的事应尽力帮忙，这样，会增进双方之间的感情，使双方关系更加融洽。

（4）对自己的失误或同事间的误会，应主动道歉说明。同事之间经常相处，一时的失误在所难免。如果出现失误，应主动向对方道歉，征得对方的谅解；对双方的误会应主动向对方说明，不可小肚鸡肠，耿耿于怀。

（5）低调做人，藏锋露拙。你可能自以为是地觉得自己才华横溢，能力超群，比任何人都强，不需要别人的帮助。你不把朋友、同事的忠告当回事，甚至连上司的话也置若罔闻，觉得任何事情对你来说都是"小菜一碟"。因此，在以团队合作为主的人群里，几乎找不到一个可以与你共事的人，没有一个能够合作的朋友。身在职场，你要记住的一句话是：你不比别人更聪明！适当地收敛自己，藏锋露拙，才是职场生存之道。

把握好与同事相处的基点

　　我们与同事间的交往，恐怕仅次于家庭成员之间的交往了。因此也有人说，同事关系是除家庭之外最为重要的社会关系中。每个人都希望，在工作集体中，在同事间创造和谐、友好的气氛，成为一个大家需要，互相信任、尊重的合作体。而这个努力的过程，就是不断提高自己各方面修养的过程。

　　日本人有一个良好的习惯，那就是到一个新环境，第一件事就是向周围的人做自我介绍，然后说"请大家多多关照"，表示希望能得到帮助和信任。

　　工作中表现出的人与人的关系是相互依存的，因为大家拥有共同的事业，必须依靠合作才能完成。而合作极需要气氛上的和谐一致。倘若合作者之间在情感上互不相容，气氛上别扭紧张，就无法协调一致地进行工作。

　　每个人都有着自己的个性、追求、爱好和生活方式，因生活经历、教养、文化水平等有所区别，每个人都不可能马上与他所处的群体合拍。但是，我们都知道，任何一项事业的成功都无法仅依靠单个人的力量，谁也不愿意成为群体中的破坏因素，被别人嫌弃而"孤军作战"。作为一个有修养、有能力、有集体感的人，应该以自己得体的语言、行止、情绪和善意的态度去吸引、感染或帮助别人，使同事关系更融洽。

　　与人为善，平等尊重，是与同事友好相处的基础。我们应该热情地与同事接近，主动表示一种愿意与同事交际的愿望。如果你没有这种表示，别人可能会以为你希望独处而不敢前来打扰。切忌不要自诩清高，显得孤芳自赏、高人一等，会使人产生逃离的感觉。要知道，不平等的态度是永远不会赢得友谊的。

小王进入新公司后，发现她所在部门的同事张姐年过40，是个一丝不苟的人。早上谁迟到了5分钟，谁的办公桌没有打扫干净，她都一清二楚。一天，她慢条斯理地走近小王身边说："小王，你写的这份宣传资料我看了，你看看，标点符号用错了多少？这样的东西如果拿给总经理看，他对我们会是什么印象？标点符号跟汉字一样，是我们从小到大都在学的东西，这都用不好……"老张滔滔不绝地批评着小王的用"标"不当，小王都认真听着。

从那以后，小王做事更加谨慎，写每一份资料都仔细斟酌，打每一个电话都用心揣摩，力求做到最好。久而久之，在几个一同进公司的年轻人当中，老张对小王特别欣赏，经常在业务上对她进行指点，小至一份合同的撰写，大至跟客户打交道的技巧。除此之外，老张对公司的一些人际关系也向她说明，避免小王无意中卷入"派系"斗争中去。

小王感叹：姜还是老的辣！如果自己自恃能力强，清高傲慢，不愿意认真对待每一件小事，不把前辈放在眼里，那么损失的很可能是自己！

在每个公司里，都有各种各样的员工存在，有的年纪相对较大，对公司忠诚，做事认真，严于律人律己，力求做到完美。这样的人对刚进公司的新员工抱有很高的期望，希望新员工能够给公司带来新气象和活力，当新员工不能达到自己的要求时，他们往往

"恨铁不成钢"。要想获得这种老员工的好感，不用奉承，不用套近乎，只要兢兢业业地做好自己的本职工作就行了！

此外，言谈举止也非常重要。谈话时，注意择别人感兴趣的、听了愉快的话题，使人觉得你是一个谈得拢的朋友——只有让人从你的言谈中得到乐趣，对方才会愿意与你交谈。

任何人和事都不可能尽善尽美，尽如人意。认识到大多数人都是通情达理的，善于发现别人的长处，会使自己以更加宽容的态度与人相处。谁都会有不顺心的时候，约束自己的行为，克制自己的情绪，而在别人产生消极情绪和行为时又能予以谅解，正是一种有教养的表现，它会令人深切地感受到你友好的一面。

难以相处的人总是少数，能否友好相处，主要取决于你自己。美国一所大学的研究表明，如果一个人真正以友谊待人，那么引起对方友好的反应的比率是60%~90%。领导此项研究的博士生导师说："由此可见，爱产生爱，恨产生恨，这句话大致是不会错的。"这也同样告诉我们，与同事为善，平等尊重，我们自己也会因此而受益。

太过张扬的人不会走到最后

单纯的女人往往把喜怒哀乐写在脸上，特别是当自己在工作上有所成绩而受到上司表扬或者提升时，单纯的女人可能会因此四处张扬。每当你的方案比同事的方案好时，单纯的女人可能会在同事面前不断炫耀；每当加薪时，单纯的女人可能会故意向同事展示高薪……当然，因为工作成绩而得到另一笔"财富"时，是人都不免会有种难以言表的快乐。但那时，千万不要让自己的"快乐"在别人面前过于夸张，否则，只会起到另一种效果。

《张瑞敏管理日记》中有一句话是这样的："得意不忘形，失意不失态，关键是战胜自我。"日常工作中要"荣辱不惊"，在受到表扬的时候，不能骄傲，在工作中得到嘉奖或成功时，也不能沉浸在其中不能自拔，要摆平心态，以此为基石继续攀登。这样，在你的职场中，才会更加游刃有余，也会赢得更多人的青睐。

当然，人逢喜事精神爽。有了"签单""升迁"等喜事，你高兴、开怀、兴奋是常理，能够与周围的朋友、同事分享快乐是常情，但要记住的是：成功永远不是一个人的事。成功一定和你周围的人际关系有关，有自己的努力，也有他人的帮助与协同，所以在有"乐"以后，头脑清醒、心理平和是继续保持良好人际关系的基础，忘乎所以一定会打碎你多年的基石和心血。

所以，当取得成就或者得到升迁时，别忘了感谢一下身边同事的帮助，或者请大家吃个便饭，小小地庆祝一下，这样不仅可以打消他人的抵触心理，更有助于增加彼此间的感情，让你的事业之路越走越顺。

总之，在职场上，千万要记住"枪打出头鸟"这句话。那些因为自己的成绩出色而高调的职场中人，最后只会伤害到自己。每当这个时候，你不妨冷静地告诉自己：这只是成功的一小步，前方还会有更大的成功在等待着自己。这样，你就会以平和的心态面对自己的成绩，一方面让同事和领导看到你的谦虚，更加欣赏你，另一方面你会不断鼓励自己，在此基础上继续前进。

与同事相处留出空间，多看优点

很多女人往往对自己喜欢的人或事越来越喜欢，越看优点越多；对自己不喜欢的人或事越来越讨厌，越看缺点越多。因而表现出过分地赞扬和吹捧自己喜欢的人或事，过分地指责甚至中伤自己所厌恶的人或事。

其实，每个人身上都有优缺点，要看你最在意的是哪些。同样半杯水，有的人看到它有一半是满的，有的人看到它有一半是空的。问问自己，对于那些自己不喜欢的人，你是不是将他们身上的缺点无限放大了呢？喜欢放大缺点的人觉得人心险恶、社会阴暗，然后会变得孤僻，难以与人交往；而看到优点的人会觉得生活美好，所以他们往往热情大方，自然朋友众多。

高小红和张彤是一起进入一家私企的，虽然她们都看不惯职场中某些人的作为，但两个人的处世方式却大相径庭。

高小红脾气很好，虽然知道有些老员工爱摆架子，指使新来的员工做这做那，但她从不计较。反而还努力去找他们身上的优点，如经验丰富、说话很有技巧、工作能力很强等。高小红从不去在意他们的缺点，而是向他们的优点看齐，努力使自己也具备那些优点。

久而久之，高小红对那些老员工没有任何怨言了，而且还经常向他们请教问题，对他们也毕恭毕敬，深得人心。

而张彤却不一样。她是个直肠子，不喜欢谁就会表现得很明显；对那些爱摆臭架子的老员工，张彤爱答不理，有时还直接指出他们的错误。这样的脾气让张彤四面树敌。

每当张彤在工作中碰到一些难题需要寻求老员工的帮助时，总是被委婉地拒绝，所以她的工作开展起来相当艰难。而时时都笑脸相迎的高小红却获得了大多数人的好感，在职场中如鱼得水。

张彤之所以落得人际关系紧张，很大原因就是受了投射心理的影响，而这种现象在女性中普遍存在。女人的推己及人，有时候也是一种感情投射，即认为别人的好恶与自己相同，把他人的特性硬纳入自己既定的框框中，按照自己的思维方式加以理解。比如，自己喜欢某一事物，跟他人谈论的话题就总是离不开这件事，不管别人是不是感兴趣，能不能听进去。引不起别人共鸣，就认为是别人不给面子，或不理解自己。比如自己觉得人应该善良、厚道，就总是想引导身边的人向自己看齐。只要别人的做法违反了自己的原则，就将其定义为"恶人"，或者大加指责。

其实，想要改变别人是件吃力不讨好的事情，而且对方不仅不领情，还会怀恨在心。在人际交往中，破坏力最强的莫过于"你错了"三个字。伟大的心理学家席勒说："我们极希望获得别人的赞扬，同样的，我们也极为害怕别人的指责。"无论在生活还是工作中，人与人之间的接触，任何人都可以选择自己的处事方式，不要对别人的错误过于敏感，也不要强迫别人同意你的想法，要懂得尊重别人的意见。

记得给同事充分的尊重

如果对方的某些缺点或做法实在让你看不过去，想要提出意见时，也别太过直接和尖锐。直接提出不赞同的意见会招人反感，并且在这种情况下别人根本没有心思去听你的意见。即使你用最温和的言辞，要改变别人的意志也是极不容易的。既然知道自己这样做很难打动别人的心，为什么不让自己换一种方式呢？

耶稣曾经这样说过："赶快赞同你的反对者。"换句话说，别跟对方争辩，别指责他，别激怒他，不妨先尊重他的意见，再以退为进。如果有人把他们的观点硬塞给我们，相信我们也是无法接受的。

如果你要纠正某人的错误，千万别说"你不承认自己有错，我就证明给你看"。这句话的潜台词就是："我比你聪明，我要用事实来纠正你的错误。"听的人自然会觉得很不舒服，更无心去接受你那所谓正确的观点。你完全可以换一种说法，比如"好吧，让我们来探讨一下""我有另外一种看法""我的意见不一定正确，因为我也经常把事情弄错，如果我错了，我愿意改正过来"。这样的话让别人接受起来就容易多了。

每个人都有被人认可和尊重的愿望，不要用你的权威去挑战他们的忍耐力，要成为一个受欢迎的女人就一定要懂得：只有尊重了别人，你才会从对方那里得到尊重。

孔子曰："三人行，必有我师焉。"每个人都有值得你学习的地方，关键在于你有没有主动去发掘他们的优点。你可以不喜欢某人为人处世的风格，可以不喜欢某人斤斤计较的小肚鸡肠，可以不喜欢某人骄傲自大的脾气，可以不喜欢某人谄媚的嘴脸。但扪心自问，他们就真的没有一点儿优点吗？还是你心量太小，让指责和厌恶占据了太多的空间呢？

　　如果让那些缺点蒙蔽了我们的双眼，你就难以接受别人，别人做什么你都看不顺眼，这样你就很容易"树敌"。女人在社会上打拼，本来就面临着各种无法预知的风险，如果你再人为地"树敌"，那你的处境只会更加艰难。在家靠父母，出门靠朋友，多一个朋友就多一条出路。既然如此，何必去做那些对自己不利的事呢？换一种心态去看吧！我们要学会放大别人的优点，忽略别人的缺点，这样你就不会觉得一切都和你过不去了。

　　学会发现别人身上的优点，你会发觉，其实那个你不喜欢的人并不难相处，你的人际关系将会变得更好。

简单处理办公室人际关系的原则

　　单纯的女人往往不注重办公室政治。其实，在办公室里，能否处理好与同事的关系，会直接影响到你的工作。建立良好的人际关系，得到大家的喜爱和尊重，无疑会对自己的生存和发展有很大的帮助，而且愉快的工作氛围，可以让人忘记工作的单调和疲倦，会使人对生活能有一个良好的心态。而这就需要你掌握好与同事相处的艺术，精通与人交流的技巧。

　　1.不私下向上司争宠

　　要是办公室当中有人喜好巴结上司、向上司争宠的话，肯定会引起其他同事的反感而影响同事之间的感情。要是真需要巴结讨好上司的话，应尽量邀同事一起去巴结上司，而不要自己在私下做一些小动作，让同事怀疑你对友情的忠诚度，甚至还会怀疑你品德有问题，以后同事再和你相处时，就会下意识地提防你，就连其他想和你交朋友的人都不敢靠近你了。因此，不私下向上司争宠，也是处理好同事之间关系的方式之一。

2.乐于从老同事那里吸取经验

在办公室里，那些比你先来的同事，比你积累了更多的经验，有机会不妨向他们请教，从他们的经验里寻找可以借鉴的地方，这样不仅可以帮助自己少走弯路，更会让公司的前辈们感到你对他们的尊重。尤其是那些资历比你长，但其他方面比你弱一些的同事，会有更多的感动。而那些能力强的同事，则会认为你善于进取，便会乐于关照并提携你。

3.让乐观和幽默使自己变得可爱

即使你从事的工作单调乏味或是较为艰苦，也千万不要让自己变得灰心丧气，更不要与其他同事在一起抱怨，而要保持乐观的心境，让自己变得幽默起来。因为乐观和幽默可以消除同事之间的敌意，更能营造一种和谐亲近的人际氛围，有助于你自己和他人变得轻松，从而消除工作中的乏味和劳累，最为重要的是，在大家眼里你的形象会变得可爱，容易让人亲近。当然，幽默要注意把握分寸，分清场合，否则会招人厌烦。

4.适时帮助新同事

新同事对手上的工作和公司环境还不熟悉，很想得到大家的指点，但是有时由于和同事不熟，不好意思向人请教。这时，如果你主动去关心帮助他们，在他们最需要得到关心和帮助时，伸出援助之手，他们就会铭记于心，打心眼里深深地感激你，并且会在今后的工作中更主动地配合和帮助你。

5.与同事多沟通

生活中不难发现，有的企业因为内部人事斗争，不仅企业本身"伤了元气"，对整个社会舆论也产生不良影响。所以作为一名企业员工，尤其要注意加强个体和整体的协调统一。无论自己处于什么职位，首先要与同事多沟通，因为个人的能力和经验毕竟有限，要避免"独断独行"的现象。当然，同事之间有摩擦是难免的，即使是一件事情有不同的想法，也应本着"对事不对人"的原则，及时有效地调解这种关系。从另一角度来看，此时也是你展现自我的好机会。用成绩说话，真正令同事刮目相看。

6.适度赞美，不搬弄是非

若想获得同事的好感，适度的赞美是必要的，如"你今天的唇膏颜色真漂亮"，在无形中让同事增加了对你的好感。但切记不要盲目赞美或过分赞美，这样容易有谄媚之嫌。同时，切忌对同事评头论足、搬弄是非，要尊重个人的权利和隐私。如果你超越了自己身份的话，很容易引起同事的反感。

办公室的"恶同事"如何处理

办公室一般人好交往，还有一类人比较讨厌，怎样对待办公室的"恶同事"呢？

事事同意型

对任何提议都表示赞成和鼓励，借口是不想压制别人的创造性，最喜欢说的就是"我同意""可以这样干"，但是事过之后就没有了下文。他们一概同意的做法让他们自己变得毫无意义。

★对策：忽视他们。

是非型

是非型的人最喜欢探听他人的隐私，他们以制造、传播谣言为乐。

★对策：不必如临大敌，最好敬而远之。

对于一般的谣言，记住"清者自清，浊者自浊"；对于过分的谣言，完全可以将造谣者告上"公堂"。

当然了，千万不要和这种人成为好朋友，尤其不要袒露自己的私生活。要知道，当这个人告诉你一点儿关于别人的秘密的时候，他很可能也会把你的秘密这样告诉别人。

脾气怪异型

他们可能没有什么恶意，他们只是很难相处，脾气怪异，行为离奇，你无法用正常人的思维去理解他们。

★对策：如果不巧与他们有矛盾，要就事论事地与他们争论，千万不要借题发挥，这样可能会激怒他们。

贬低别人型

这种人处处要显得比别人优越，你说什么他都要插嘴，每一件事他都要证明他知道得比你多。这样做的原因是他们有无法排解的虚荣心，或者是隐藏得很深的自卑。

★对策：把他的话当耳边风，他们实在是不值得你生气。

恶人型

这是最危险的一种人，因为他们可能有一个美丽的包装。他们看起来很善良，很富有诚意，对你又非常关心。

　　而一旦你跟他的利益发生冲突，他就会狠狠地踩你一脚，有时候，他们甚至是"损人不利己"的。

　　★对策：最好的办法是尽量避开，就算他来笼络，也不要加入他的圈子；当他开始使坏时，要么就"先下手为强"，向上司披露他的劣迹，要么就走人。

　　口是心非型

　　他会说你爱听的话，答应帮你的忙，但到了关键时刻却溜之大吉。

　　★对策：不上第二回当。

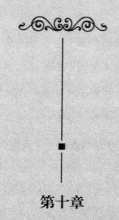

第十章

小主，上司的赏识就是你的资本

也许你会说："我数年埋头苦干，兢兢业业，却默默无闻。""现在是干的人不香，说的人飘香。"如果你尝到这种苦头的话，那么，证明你缺乏干的艺术和说的艺术。请你自问一下，别人不愿意做的事情，是否领导都了解？靠别人发现，总归是被动的。自己积极地表现，才是主动的。

了解老板是最基本的礼仪

单纯的女人认为做好自己的工作就万事大吉了，其实多了解老板比了解工作重要多了。你的老板能力怎样？他有什么样的优点和缺点？他喜欢什么样的下属？他的工作经历是怎样的？如果你是一个想在事业上有所发展的人，这些你就一定要知道。男人的粗心大意可以被原谅，但一个大大咧咧的女人是很难被老板看好的。而且，面对男同事的激烈竞争，心细如发是女人赢得老板青睐的最佳资本。所以，对于一个想在事业上有所作为的女人来说，了解老板比了解你的工作更加重要。

威尔逊公司的董事长是一个非常固执的人，任何新鲜的意见都被毫无例外地拒之门外。董事长有才能、自负，所以对别人的意见往往瞧不起，要么不采纳，要么根本不予理睬。但是，有一个人是例外，这个人就是他的助理凯西小姐。为什么董事长对凯西小姐会如此特殊呢？

凯西小姐自己说，有一次，她被单独召见，她明知董事长不容易接受别人的建议，但还是尽自己所能，清楚明了地陈述了一套买卖合并的方案。因为她苦心研究过，自认为相当切实可行，所以说得理直气壮。

然而同样的，董事长没有表示任何接纳的意见，只是说："你的计划幼稚而可笑，我为我愿意听你说完这些废话而感到遗憾。"

但是数天之后，在一次董事会议上，凯西小姐很吃惊地听到董事长正在把她数天前的建议作为自己的年度计划公开发表。这件事，使凯西小姐恍然大悟，她懂得了向董事长提出计划方案的最好方法：避免他人在场，悄悄地把意见"移植"到董事长的心中。使董事长不知不觉地感兴趣，然后使计划可以作为自己的想法而公之于众。最后，使董事长坚定不移地相信这个计划的可行性。

这之后，凯西小姐总是在董事长有需要的时候"悄悄地"说出自己做的策划，而她的计划也总能顺利地被董事长采纳。不久，凯西小姐就在董事长的推荐下进入了董事会。老董事长退休的时候，凯西小姐又在他的支持下接管了威尔逊公司。凯西小姐能取得这样的成功，是因为她了解了老板的心思，时刻知道老板在想什么，并能按照老板所想的去做。

委婉地向上司提建议

作为一个驰骋职场的女人，我们一定要明白这个道理——那就是上司尤其爱面子。他们很在乎下属的态度，通常以此作为考验下属对自己好不好、尊重不尊重的一个重要指标。在现代职场上，很多上司都是武大郎开店——容不得下属比自己高。他们一不喜欢下属对自己的想法说三道四，二不乐意自己的下属给自己提意见或建议，以为这些都在蔑视自己的权威，想取而代之。

任何一个成熟的女人都不会愚蠢到引起顶头上司的不悦，也会尽量避免让上司尴尬。如果我们随便否定上司的观念，必然会惹怒上司。尤其是你不分时间和场合，有一说一，实话实说，直截了当，甚至锋芒毕露的时候，上司自然会觉得你是要扫他的面子、对他的失误落井下石，因而把你的一片好心当成了"驴肝肺"。相反，如果你能注意自己提意见或建议的时间、地点和方式，多顾及上司的面子，你的上司才会接受你的一番好意。

杨丽华大学毕业后，应聘到一家贸易公司。她工作努力，能力很强，也很上进，但在公司干了几年，一直都没有得到提升。与她当时一起进公司的同事中，不少都做了主管，可她还是一个最底层的员工。其中的原因，周围的同事们大都知晓，只是她自己还是不清楚。

有一次，杨丽华的部门主管陪同公司老板一起检查工作。当他们走到她的办公桌前时，杨丽华突然站起来，对自己的主管说："我想提个意见，我们部门的管理太混乱了，有时连客户的订单都找不到。"也许她说的是事实，但面对主管顿时铁青的脸色，此事的后果就可想而知了。

有人也许会说，杨丽华这样做是为了公司的利益，想增加公司的工作效率。但她却选择了一个错误的时间和场合，要知道，谁也不愿当众出丑！这样做非但不能帮助公司改进工作，还会因此大大得罪了自己的顶头上司，显然是不值得的。就算有意见，你也要找到一种妥善的方式和上级沟通，最好出之以礼，就算内心不服，也不能当众指责。当众羞辱他人，只能说明你还不成熟，缺乏理性。

上面的例子虽然简单易懂，但它传递的道理却很深刻。是的，遇到问题时，我们可以提出自己的建议，但一定要注意自己的方式、方法，不要总是以一种批评或者命令的口气。有这样一个小例子很值得我们深思，说的是著名工程师惠尔如何推动一个刚愎自用的工头前进的故事。

有一次，惠尔想在其负责的工段更换一个新式的指数表，但他想那个工头必定是要反对的，于是惠尔就略施小计。据他自己说："我去找他时，腋下夹着一只新式指数表，手里拿着一些征求意见的文件，当我把这些文件给他看时，我把那只指数表从左腋换到右腋地移动了好几次，终于他注意到了。'你拿的是什么？''哦，这不过是一只指数表。'我漫不经心地说着。'让我看一看哦。''你看它做什么？你们部里又不用这个。'我装作很勉强的样子将那指数表递给他，当他审视的时候，我就随便地、但非常详细地把这东西的效用说给他听。他终于喊起来：'天哪，这正是我早就想要的东西！'"

惠尔采用欲擒故纵的方法，很巧妙地达到了目的。我们在与领导接触时，也可以采用这样的方法，这比直接提出意见的效果要好得多。

威尔逊做总统时，在他的顾问班子里，唯有霍士最得其信任。威尔逊很少采用别人的意见，或是根本不采用，而霍士却屡屡进言成功。后来，霍士做了威尔逊的副总统。霍士自述说："在一次偶然的机会中，我发现了一个让总统接受我建议的最好办法。有一次，我去谒见总统，向他提出一个政治方案，他对此表示了反对。可是几天之后，在一次筵席上，我很吃惊地听到，他将我的建议当作他自己的意见发表了。从那之后，我总是先偶然地把计划、建议透露给他，然后让他自己感兴趣。"

霍士的秘诀是使威尔逊自信这种思想是自己的，那么，他是如何做到的呢？相传，霍士常常走进总统办公室，以一种请教的口吻提出建议："总统先生，您觉得这样做还有什么不妥吗……不知道这个想法是否……我们是不是这样……"就这样，霍士把自己的思想不露痕迹地灌入了威尔逊的大脑，使他从自己的角度考虑这些计划，加以完善并最后付诸实施。

很多女人常常苦于自己的意见不被重视，其实仔细找找原因，可能就在于太过强调"我"字了。她们总想表明"这是我的主意"，但很明显，上司却更喜欢他自己的主意，他们对自己想出来的主意更有好感。所以，当你给上司出主意时，设法让他觉得这个主意是他自己想出来的，可能更容易被他接受，而你的职场道路也会更通畅。

把握礼仪与你的上司和平共处

领导是一个单位的实权人物，是办公室里的核心人物。如果你是办公室里的普通一员，你就必须学会如何处理跟领导之间的关系。跟领导的关系处理不好，将可能影响到你的工作、薪资待遇，甚至前途等；处理好了与领导之间的关系，你办任何事情就容易得多了。因为领导之所以成为领导，必定有你所不及的地方，有你所没有的权力，有其特别之处。因此，与领导搞好关系，对于初入职场的年轻人来说至关重要。

上下级的交往和相处是要遵守必要的礼仪的。作为下级，不仅要服从上司的管理和调遣，还要注意学会与上司融洽相处。为此，必须注意以下几点：

（1）尊重领导。单位的领导，一般具有较高的威望、资历和能力，有很强的自尊心。作为下属，应当维护领导的威望和自尊。在领导面前，应有谦虚的态度，不能顶撞，特别是在公开场合，尤其应注意，即使与领导的意见相左，也应在私下与领导说明。领导若不慎做了错误的决定或说错了什么话，如果下属直接指出或揭露上司的错误，无疑是向他的权威宣战，会刺伤他的自尊心。宣扬领导的失误不仅会使领导难堪，伤害其自尊心，而且让领导对你心生反感。

（2）听从领导指挥。领导对下属有工作方面的指挥权，对领导在工作方面的安排，指挥必须服从，即便有意见或不同想法，也应执行，对领导指挥中的错误可事后提出意见，或者执行中提出建议。

（3）对领导的工作不能求全责备，而应多出主意，帮助领导干好工作，不要在同事之间随便议论领导、指责领导。当然，对个别品德很差、违法乱纪的领导，另当别论。

（4）提建议要讲究方法。在工作中给领导提建议时，一定要考虑场合，注意维护领导的威信。提建议一般应注意两个问题：一是不要急于否定原来的想法，而应先肯定领导的大部分想法，然后有理有据地阐述自己的见解；二是要根据领导的个性特点确定具体的方法。如对严肃的领导可用正面建议法，对开朗的领导可用幽默建议法，对年轻的领导可用直言建议法，对老领导可用委婉建议法。

我们怎样猜到老板的反应

那么你呢？你知道你的老板在想什么吗？当然，想了解老板的心思不是一件简单的事，这是一项长期而艰巨的工作。但只要你留心观察，为此做出长久的努力，相信成为老板肚子里的"蛔虫"也不会是难事。

了解老板的核心价值观

这些核心价值观不容易妥协和改变，所以也往往是最容易引爆我们情绪的原因。例如，有的老板在意守时，只要有人迟到，他就会开始跳脚、抓狂；有的老板则注重诚实，所以一旦你言辞闪烁，他就立刻动怒开骂。

此外，有人重勤俭，有人看效率，只要多跟同事们打听，并培养敏锐的观察力，你就能找出老板的核心价值观，并调整自己的工作态度加以配合，这样你才能成为老板心中的可用之材。

洞察老板的情绪反应

仔细打量一下老板的应对进退：什么事会让他高兴？什么事会惹他生气？什么事会让他焦虑？什么事又会对他产生压力？而当他出现这些异常的情绪反应时，他通常的处理模式为何？

我们每个人都有着固定的情绪处理模式，每次发作时的过程也都差不多。所以一旦能够掌握老板的情绪反应，下次你就会知道该如何避开台风尾，并且能采取更好的沟通方式，以免不慎让对方的情绪雪上加霜。

例如，你发现老板其实是个夜猫子，早上往往大脑不太灵光，这时去向他报告工作，就容易惹来一顿臭骂，那你当然就得熬一下，等到吃过午饭他心情好了，再去报到。

掌握老板的沟通模式

沟通专家们发现，我们每个人最习惯的沟通方式各有不同，所以很多时候有沟没有通的原因之一，其实是没能掌握与对方沟通的最佳模式。在这方面，差一点儿可是差很多的，许多冲突就是由此造成的。

还要学会应付各种性情的老板，确保自己的尊严不受侵犯，同时能够赢得他对自己的好印象，这就需要学会一些技巧。你要观察你的老板，看他有什么样的心理。

对付整天怀疑自己的员工偷懒不干活的老板，最好的办法是经常向他汇报，多和他交流，明确告诉他你干了些什么、结果如何，以此使他放心；对自己的能力没有信心，老是担心下属会超过他的老板，这时你就要收敛起自己的锋芒，做到谦虚和谨慎，这样自然会博得老板的信任和赏识，以消除老板的戒心。比如在业务会上，对自己的远见卓识有意打点儿埋伏，留下空间给老板做总结。

如何有"礼"地拒绝老板的苛刻要求

当你必须拒绝老板委派的任务时，要避免说"不能""不可能""没有能力""不愿意"等字眼，因为这些都带有负面意思或显现出你的无能。

暴君型老板

如果老板是个不折不扣的暴君，活像军队里的班长，大吼大叫地把你支使得团团转。你一定要冷静地制止这种行为，但是不要影响到老板的自我形象。因为，在他耀武扬威的外表下，很可能有颗脆弱的心。你应该设法让他了解到他的行为已经影响到部门或公司的工作进展。例如："我知道提高工作效率是件很重要的事，但是这种吼叫方式，已经影响了我工作上的成效。希望您清楚地交代您想要我怎么做，也许现在我们就可以花点儿时间，明确定出目标。"

监工型老板

如果老板总是盯着你的一举一动，几乎每分每秒！对于老板委派的任务，虽然你没什么意见，但是工作起来却束手束脚地不能发挥，这个问题相当烦人！这时，你应该以温和的态度，以公司利益为出发点，去和老板谈，例如："孙总，谢谢您不断'参与'您所委任给我的工作。但是，我希望获得您的信任。如果您考虑一下，不要经常性地检视与事事指示，给我一点儿空间，然后看看我们的表现，我保证您一定会感到满意的。"重点要专注部门的绩效，而不是老板的个性。

离职也要做得漂亮，工作要完美交接

单纯的女人会赌气离开一个单位，这种行为往往会为以后的

优雅女人的职场礼仪书

事业发展埋下很大的隐患。为了以后事业发展得更加顺利，和原有单位的同事保持一种良好的关系就显得尤为重要。离职不是为了单纯地赌气，更不是为了报复，哪怕自己是因为人际关系的问题而离开。

你必须给原公司足够的时间找人，如果可能的话，最好帮他们找人。千万不可在旦夕之间，说走就走。如果你不给公司喘息的时间，撂下一个烂摊子就走，顶多让你解解气，使你讨厌的上司忙乱一阵儿；更坏的影响则留给了你自己，同行业的圈子不会太大，消息也很灵通，很快地，你的所作所为就在业内传遍了，你的新上司会对你有所防范的；最重要的是，没有平和心态将影响你今后的职业生涯。

当你决定离职，不只是影响自己，还包括主管与同事，甚至也会对部门工作气氛产生影响。当主管知道你的决定后，接下来便是和他讨论什么时候该让同事知道，以及交接的细节。

离职者与接替的人，在交接期间都还有工作要处理，常常造成交接不完整。甚至有些人到了新公司，还要义务地协助处理旧公司的业务，形成很大的负担。最好的方式是，平日就做好业务知识管理。每项业务的程序与必要技能，都用文字记录下来，储存在档案或电脑里，离职时才可以转移出去。这种做法不但有利于接替者，对你也有好处。

如果你想把专属于自己的档案带走，提交辞呈前就该准备好。离职前夕才开始做，难逃瓜田李下之嫌。另外，任何与工作相关的资料带走前，要先确认知识产权的规范。

跳槽后，应该维护原来老板的形象

　　不论是轻松愉快还是恩怨相加的离职，离开后维护旧东家形象的事情一定要做，特别是以下两点要多加注意。

　　永远不要在现任老板或新同事面前说前任老板的坏话，要公正客观地评价老东家。这样做不但有利于树立你自己的职业形象，更重要的是，可以维护老东家的声誉。这样，无论日后你个人的发展如何，老东家都会记得你的良好职业素养，当然有利于你和他们再打交道时建立良好的关系喽。

　　有了新朋友，别忘老朋友。很多人都以为跳槽后，就可以与原单位道声"拜拜"，一走了之，"挥挥手，不带走一片云彩"，这样做起来看似洒脱，其实你会无意之中丢失许多让你今后受益的东西。因为你在一个单位工作过一段时间，可能你所得不多，但与不少同事毕竟有种亲近感，甚至是好朋友，他们说不定在以后会对你有所帮助，你不妨把他们看作你的人力资源库。所以在你跳槽高就时，不妨珍惜这一机缘，而不要丢弃这份宝贵的财富。

　　要认识到在现代竞争社会里，拥有丰富的人力资源有助于你的事业运转自如，所以，每当我们跳槽时，要有保护自己人力资源的意识，从过去的工作里淘出属于你的"金子"来。这样的话，你过去的时光就没有白白浪费，你即使空着两手走出原单位的大门，也已经带走了一份很有价值的财富。